MOD
TIM

ERN

ES

Jacques

모던 타임스: 예술과 정치에서 시간성에 관한 시론

Moder

Rancière

양창렬 옮김

Times

일러두기

- 이 책은 Jacques Rancière, *Modern Times: Essays on Temporality in Art and Politics*(Zagreb: Multimedijalni institut, 2017)를 번역한 것이다.
- 지은이가 중의적으로 쓴 단어 또는 옮긴이가 원문의 이해를 돕기 위해 보충한 내용은 [ ] 안에 표시했다.
- 지은이가 강조한 부분은 밑줄로 표시했다.
- [원주]로 표시한 하나의 예외를 제외하고, 이 책에 실린 주는 모두 옮긴이 주이다.
- 지은이가 본문에서 인용한 책의 경우, 국역본이 있으면 참조하고 옮긴이 주에 서지사항을 덧붙였다. 해당 인용 부분의 번역은 별다른 표시 없이 옮긴이가 수정했다.
- 제목 표기 시, 단행본에는 『 』를, 논문에는 「 」를, 신문·잡지 등 정기간행물에는 « »를, 작품·전시에는 ‹ ›를 사용했다.
- 외국 인명 표기는 국립국어원에서 펴낸 외래어 표기법을 원칙으로 하되, 국내에서 널리 사용되는 인명은 관행을 따르기도 했다.

Tir
Narra
Poli

ne,
tion,
tics

시간, 내레이션, 정치

이 시론의 주제를 내가 40년 넘게 해오고 있는 연구의 틀 안에 배치하면서 [이야기를] 시작해보겠다. 그 연구는 겉보기에 서로 동떨어진 대상과 영역을 다루는 듯하다. 노동자의 해방 형태에서 예술의 식별 체제까지, 민주주의의 원리에서 문학적 허구의 변형까지, 지적 능력의 평등론에서 지배 장치들로써 수립된 합의의 형태까지. 하지만 이렇게 겉보기에 동떨어진 영역들에 대한 내 탐사를 연결하는 하나의 주된 관심사가 있으니, 그것은 바로 그처럼 다양한 지식과 실천이 공통 세계에 대한 어떤 지도그리기를 함축한다는 사실이다. 그 실천과 지식은 모두 공통 세계의 지도를 그린다. 현상의 가시성 형태를 규정하고, 상황의 이해 가능성 형태를 규정하며, 사건들을 식별하는 양상 및 사건과 사건을 접속하는 양상을 규정함으로써 말이다. 그럼으로써 그 실천과 지식은 주체들이 공통 세계를 점유하는 방식을 공존 내지 배제라는 용어로 규정하며, 그 주체가 공통 세계를 지각하고 이해하며 변형하는 능력을 규정한다. 공통 세계를 규정하는 동시에 이런저런 주체가 그 공통 세계에 참여하는[몫을 갖는] 방식을 규정하는, 존재하고 보고 사유하고 행위 하는 방식 사이의 관계 체계를 나는 '감각적인 것의 나눔distribution of the sensible'으로 부르자고 제안했다.[1]

시간과 시간성 범주는 이 나눔에서 핵심 역할을 한

다.[2] 시간의 서사narrative는 언제나 두 가지를 동시에 정의한다. 먼저 시간의 서사는 우리가 모두와 공유하는 경험 세계의 틀을 정의한다. 우리가 발 딛고 있는 현재의 지금으로서 주어지는 것, 이 현재가 과거에 매이거나 과거와 단절하는 방식, 그럼으로써 이 현재가 이런저런 미래를 허하거나 금하는 방식을 정의하는 것이다. 그럼으로써 시간의 서사는 가능한 것과 불가능한 것, 필연적인 것과 우연적인 것을 가르는 분리의 선을 긋는다. 하지만 시간의 서사는 누군가가 저 자신의 시간 속에 존재하는 방식을 정의하기도 한다. 시간 속에 존재하는 방식이란 시간과 어울리거나 어긋나는 방식, 시간의 발전에 내재하는 진실의 힘 혹은 오류의 힘에 참여하는[몫을 갖는] 방식을 뜻한다. 따라서 시간의 서사는 시류時流가 가능케 하는 것이 무엇인지를 말하는 동시에 시류 속에 살고 있는 자들이 가능태를 어느 정도까지 포착할 수 있는지를 말한다. <u>가능성</u>과 <u>능력</u>의 이러한 절합은 감각적인 것의 여하한 나눔의 중핵에 위치하는 허구이다.

이 지점에서 '허구' 개념에 관해 한마디 해야만 하겠다. 허구는 상상적 세계의 발명이 아니다. 외려 허구란 주체·사물·상황이 공통 세계에 공존하는 것으로서 지각될 수 있는 틀, 사건이 이해 가능한 방식으로 사고되고 연결될 수 있는 틀을 구축하는 것이다.[3] 허구는 현실감이 연출되어야 할 때면 언제든 작동한다. 그러므로 정치학과 사회과학은 소설 내지 영화만큼이나 허구를 사용한다. 시간의 서사는 상황을 이해 가능하게 (또한 수용 가능하게) 하는 허구의 중심에 있다. 시간의 서사는 언제나 시간의 정의에 관한 허구이다. '시간의 정의justice of time'라는 표현은 주로 마르틴 하이데거 Martin Heidegger의 주해 덕분에 알려진 아낙시만드로스 Anaximandros의 유명한 잠언을 상기시킨다. "그것들에서 있는 것들의 생성이 있게 되고, 이것들에로 있는 것들의 소멸도 필연에 따라 있게 된다. 왜냐하면 그것들은 자신들의 불의에 대한 정의와 배상을 시간의 질서에 따라 서로 간에 지불하기 때문이다."[4] 이 글에서도 정의와 시간의 질서가 맺는 관계를 다룰 것이다. 물론 전혀 상이한 이론적 배경 하에서 그리할 테지만 말이다.

나는 시간의 정의라는 이 극작법을 다시 무대에 올림으로써 소련 붕괴 이후 우리의 현재를 기술하는 지배적 방식에서 작동해온 실증주의적 시간 개념을 문제 삼을 필요가 있다고 생각했다. 다소 정교한 판본—역사의 종언, 대서사의 종언 등등—으로 제시된 그 기술은 두 형태의 시간성을 명확히 구분한다. 그 기술은 이렇게 말했다. 소련에서 사라져버린 것은 단지 경제·정치 체계가 아니라고, 혁명적 희망에 이끌린 역사적 시기도 아니라고. 거기서 사라져버린 것은 시간성의 어떤 모델이라고. 시간의 흐름이 내재적 목적론에 의해 결정되고, 내적 진리—그것의 현시는 정의로운 미래에 대한 약속에 구멍을 낸다—의 힘에 의해 움직이는 시간성의 모델. 그 견해에 따르면, 소련 붕괴 이후 남은 것은 시간의 적나라한 현실 다시 말해 그 어떤 내적 진리도 그 어떤 정의의 약속도 걸치지 않고 벗어던진 채 자신의 일상적 흐름으로 되돌아가버린 시간이다. 이 일상적 시간 흐름을 이해하는 방식이 몇 가지 있었다. 우리의 정부와 주류 언론은 일상적 시간 흐름을 현재 및 현재의 즉각적 결과에 대한 전문 경영으로 보았다. 즉 향후 몇 개월을 내다보고 택한 조치들, 오는 몇 개월 내에 입증될 그 조치들이 제공할 번영의 기회를 계산하는 것. 불만에 찬 지식인들은 일상적 시간 흐름을 암울한 포스트-역사 시대 다시 말해 과도한 소비지상주의, 커뮤니케이션, 불신이 지배하는 유일한 현재의 지배로 특징지어지는 시대와 동일시했다. 하지만 공인된 낙관주의와 불만에 찬 파국주의는 현재를 바라보는 동일한 시각을 공유했다. 현재가 정의의 약속을 지향한 역사적 시간에 품은 커다란 기대 및 잃어버린 환영에 작별을 고했다는 시각 말이다. 어느 프랑스인은 이 일차원적 시간을 지칭하기 위해 '현재주의presentism'라는 단어를 만들어 냈다.[5]

그러나 이 절대적 현재가 과거의 무게와 미래의 예

견이 낮은 열정을 쉽사리 제거하지는 못한 것으로 곧 밝혀졌다. 최근 공산주의의 미래를 포기한 국가들은 곧바로 민족적 서사와 종족적·종교적 갈등의 부활로 골치를 앓았다. 서구 의회주의 국가들이 펼치는 합의 정책은 다른 인종, 다른 국민, 다른 종교가 공포를 야기한다는 일견 구시대적 서사에 사로잡혔다. 결국 자유 시장에 대한 현실적 전문 경영은 미래의 번영을 이룩하거나 그저 임박한 파국을 피하기 위해 현재에서의 희생을 요구한다고 판명됐다. 역사에 대한 과거의 환영illusions과 현재의 견고한 현실을 단순 대립 시키는 것은 '현재' 자체 안에 있는 분할을, 무엇이 현재하며 현재는 무엇인지를 둘러싼 갈등을 은폐하는 것으로 보인다. 따라서 이른바 대서사의 중핵이었을 뿐 아니라 여전히 우리의 현재에 영향을 끼치는 '시간의 정의'를 다시 생각할 필요가 있을 것 같다. 시간의 정의는 사건의 수평적 잇달음 및 연쇄와 연관된 기대에 관한 플롯이거니와 시간성의 위계에 관한 플롯이기도 하니 말이다.

이 점을 이해하려면 시간의 정의의 계보를 추적하기 위해 과거로 멀리 거슬러 올라가야 한다. 서구 세계에 허구의 규칙을 수립했을뿐더러 공언된 허구의 경계를 훌쩍 넘어서는 시간의 합리성 패턴을 부과한 텍스트로 거슬러 올라가야 하는 것이다. 나는 아리스토텔레스의 『시학』을 염두에 두고 있다. 시인의 과제는, 아리스토텔레스가 말하기를, 운율을 만드는 것이 아니라 허구를 세우는 것이다.⁶ 여기서 허구란 사건들을 전체적으로 연결하는 인과적 합리성의 구조를 뜻한다. 사건들이 어떻게 일어나느냐를 이야기하는 게 관건이 아니다. 사건들이 어떻게 일어날 수도 있는가를 이야기하고, 사건들을 그 사건 자체에 내재하는 가능성의 효과로 서술하는 게 관건이다. 따라서 시인은 두 중요한 관계(행복과 불행의 관계,⁷ 무지와 앎의 관계⁸)에 의해 그 진행이 결정되는 인과적 플롯을 구축한다. 비극이 구축하는 시간의 질서에 따라 개인들은 자신이 저지른 부정의—자신의 무지에 기인한 부정의injustice—에 대해 심판을 받으면서 앎을 얻는다. 이런 식으로 비극은 정의의 플롯과 앎의 플롯을 연결하는 오래 지속되는 고리를 묶는다. 이 연쇄와 관련해 중요한 지점이 둘 있다. 앎과 정의의 플롯은 사건들을 그것들에 내재하는 가능성에 입각해 연관시키는 플롯이다. 이 가능성 자체는, 아리스토텔레스에 따르면, 두 형태를 띤다. 필연성 혹은 개연성.⁹ 이 점의 중요성은 자주 간과된다. 과학적 필연성과 시적 개연성은 처음부터 시간 속에서 사건들을 합리적으로 연쇄시키는 등가 형태로 설정된다. 그 이유는 둘 다 시간의 '나쁜' 형태에 맞선다는 데 있다. 시간의 나쁜 형태란 단순한 잇달음의 시간, 사태가 차례차례 개별적이고 우연한 사실로서 일어나는 시간이다. 아리스토텔레스는 『시학』 제9장에서 그 점을 지적한다. 거기서 아리스토텔레스는 시적 허구의 인과 연쇄와 역사historia 내지 연대기를 특징짓는 사실의 단순한 잇달음을 대립시킨다. 이제 이 시학적 위계는 체험된 시간의 두 형태 그리고 인간 존재의 두 계급을 대립시키는 사회적 위계에 바탕을 둔다. 자신의 현재가 일어날 수도 있는 사건들의 시간 안에 위치하는 자들이 있다. 그 시간은 행위의 시간이자 행위의 목적의 시간이요, 앎의 시간이자 앎의 여가 시간이다. 요컨대 시간 있는 자들의 시간, 시간이 있다는 점에서 능동적 인간으로 불리는 자들의 시간. 반대로 그저 차례차례 일어나는 사태의 현재 속에서 사는 자들이 있다. 그 시간은 삶을 생산하고 재생산하는 제한적이고 반복적인 시간이다. 요컨대 시간 없는 자들의 시간, 아무것도 하지 않아서가 아니라 행위의 목적을 즐기지도 않거니와 그 자체가 목적인 여가 시간을 갖지도 못한 채 수동적으로 시간을 받아들일 뿐이라서 수동적 인간으로 불리는 자들의 시간. 이렇게 사건들을 시간적으로 연쇄시키는 인과적 합리성은 삶의 형태를 배분하는 나눔이기도 한 시간성의 위계적 나눔과 밀접한 관련이 있다.

시간의 정의는 이중의 면을 지닌 하나로 보인다. 능동적 인간을 행복에서 불행으로 무지에서 앎으로 이동시키는 과정에 관한 시적 정의가 있다. 하지만 그 시적 정의 밑에 그것의 가능성을 떠받치는 다른 종류의 정의가 있다. 플라톤 저『국가/정체』의 주제인 그 다른 종류의 정의는 시간과 공간, 활동과 능력을 배분하는 질서 잡힌 나눔으로 구성된다. 그 나눔의 토대가 되는 첫 번째 조건이 도시 창건 서사의 서두에서부터 공표된다. 기다려주지 않는 일[작업] 말고는 아무것도 할 시간이 없는 자들을 작업장 공간에 묶어두어야 한다는 조건.[10]

이른바 대서사와 현재까지 존속하는 대서사 형태들이 작동하는 논리를 이해하려면 이러한 시간의 두 차원을 다시 무대에 올릴 필요가 있다고 생각한다. 사실 근대의 대서사는 시간의 이중의 나눔에 기반을 둔다. 한편으로 근대의 대서사는 아리스토텔레스가 허구의 인과적 합리성에 대립시켰던 역사적 잇달음에 [바로 그] 허구의 인과적 합리성을 적용했다. 그런 한에서 근대의 대서사는 시간성의 위계를 기각했다고 말할 수 있다. 근대의 대서사는 차례차례 사태가 일어나는 세계를 인과 연쇄 법칙을 따라 구조화된 세계로 전환했다. 한술 더 떠 마르크스주의는 인간 사건들의 인과 연쇄 모체를 하루하루 물질생활을 생산하는 어둠의 지대에 위치시켰고, 아래에서 유래하는 인과적 합리성과 '능동적 인간'이 영위하는 영예로운 삶에 속하는 표면적 사건들을 대립시켰다. 같은 방식으로 마르크스주의는 필연성과 가능성을 연쇄시키는 새로운 형태, 필연성에 대한 앎[지식]과 정의의 가능성을 연쇄시키는 새로운 형태를 창조했다. 비극적 연쇄는, 몇몇 예외를 제외하고, 무지에서 앎으로 옮아가는 이동과 행복에서 불행으로 옮아가는 이동을 동일시했다. 비극 주인공이 종국에 도달하는 앎은 자신의 불행을 낳은 오류에 대한 앎이었다. 대신에 역사적 합리성이라는 새로운 서사는 지배와 착취의 불행(혹은 부정의)에서 지배와 착취의 법칙에 대한 앎[지식]을 바탕으로 행복(혹은 정의)으로 옮아가는 이행을 제안했다. 필연성의 발전 자체가 필연적 법칙과의 단절 가능성을 만들어낸 것이다.

역사는 시간의 전개, 지식의 생산, 정의의 가능성을 연접conjunction, 連接하는 범례적 허구가 됐다. 역사의 진화 자체가 진화에 대한 과학을 만들어냈다. 진화학 덕분에 역사의 행위자는 필연성을 가능성으로 변환하는 데서 능동적 역할을 맡게 됐다. 하지만 마르크스주의 서사에서, 역사적 과정의 합리성을 긍정함으로써 기각됐던 시간성의 차이가 그 서사의 한가운데서 이내 재등장했다. 미래로 가는 길을 깔았던 역사적 과정은 거리와 뒤늦음의 새로운 형태 또한 만들어냈다. 그 역사적 과정은 몇몇 계급을 과거로 집어던져 [그 계급들로 하여금] 미래로 가는 길에 제동을 거는 브레이크처럼 행동하게 했다. 또한 노동 시간의 일상적 실천 속에서 그리고 그 실천이 낳은 보고 사유하고 행위 하는 양상 속에서 이데올로기의 장막—그 장막은 역사적 원동력의 실제 작동에 대한 지식으로부터 사람들을 떼어놓았다—을 생산하고 재생산했다. 필연성은 가능태를 생산하는 동시에 그 가능태의 불가능성을 재생산했다. 역사과학은 이 이중구속을 통합해야 했고, 미래의 가능성의 조건에 대한 과학이자 그 가능성의 불가능성의 조건에 대한 과학이 되어야 했다. 이전엔 두 분리된 세계 사이 거리였던 시간성의 위계가 이제는 같은 세계에 거주하는 두 방식 사이 거리가 됐다. 동일한 역사적 과정이 두 다른 방식으로 체험되는 것이다. 과학의 시간 즉 인과적 접속의 시간 속에서 사는 (소수의) 사람들과 무지의 시간 즉 수동적 인간의 잇달음과 반복의 시간 속에서 사는 (다수의) 사람들이 있다. 무지의 시간은 다수의 사람들이 [반복적인] 현재에 대한 충실, [철 지난] 과거에 대한 향수, 아직 불가능한 미래에 대한 망상적 예견 사이에서 오락가락하게 한다.

시간의 진화에서 비롯하는 미래에 대한 순진한 믿음이 역사적 필연성의 대서사를 추동한 것이 아니다. 오히려 그 대서사를 추동한 것은 가능성의 원리와 불가능성의 원리로 쪼개진 필연성의 내부 분열이다. 필연성에 대한 지식은 지배의 가능한[있을 수 있는] 파괴에 대한 과학이자 지배의 필연적 재생산 및 파괴의 한없는 자연에 대한 지식이었다. 이 분열은 그 자체로 인과적 과정의 시간과 단순한 잇달음의 시간 사이 분할에 의거한다. 그렇다면 이른바 현재의 군림 속에서 역사적 필연성의 플롯도 그 필연성의 내적 분열도 사라지지 않았음이 분명하다. 오늘날 우리가 목도하는 것은 필연성, 가능성, 불가능성이 벌이는 게임의 재배치이다. 마르크스주의적 대서사의 종언이 곳곳에서 떠들썩하게 선고되던 동안, 자본주의와 국가의 지배는 역사적 필연성의 원리를 그저 [간단히] 인수했다. 필연성 및 필연성의 지식에 대한 복종이 그 어느 때보다 가능태의 유일한 방식으로서, 행복의 방식으로서 긍정됐다. 하지만 그러한 방식은 더는 단절의 방식일 수 없었다. 반대로 필연성이 약속했던 행복은 '유일한' 가능태였다. 기성 질서의 최적화된 작동에 전적으로 기반을 둔 유일한 가능태. 역사적 목적론은 단순 선택지로 대체됐다. 기성 질서를 능숙하게 경영함으로써 만들어지는 유일한 가능태이냐 아니면 대대적인 붕괴이냐.

그러나 단순 재생산은 그 자체로 단순 재생산이 아니었다. 그것은 현재의 '단도직입적인sans phrase' 군림이 아니었다. 반대로 그것은 가능태에 대한 새로운 지도그리기와 공통의 시간 및 그러한 시간의 요구에 대한 새로운 플롯 구성emplotment을 수반한다. 역사적 필연성은 '전 지구화globalization'라는 새 이름을 얻었다. 전 지구화는 그 자체로 텔로스 쪽으로 방향이 맞춰진 시간이었다. 텔로스는 더는 혁명이 아니었다. 전 지구적 자유 시장의 승리가 텔로스였다. 하지만 이 승리에도 조건은 있었다. 희생이 필요했던 것이다. 그것은 단지 시장의 부침을 경험적으로 조정하는 문제가 아니었다. 그것은 두 시간 사이에서 그러니까 부를 자본주의적으로 생산·분배하는 전 지구적 과정의 합리적 시간과 '차례차례' 일어나는 사태의 시간성 속에서 살아가는 개인들의 '경험적' 시간 사이에서 [그것들을] 조정하는 문제였다. 예를 들자면, 노동 시간과 임금 시간을 혹은 재직 시간과 퇴직 및 연금 시간을 조정하는 문제. 전 지구화의 플롯에는 서브플롯이 포함되어 있다. 유럽연합은 의미심장하게도 이 서브플롯에 혁명Revolution이라는 옛 용어와 공명하는 이름을 붙였다. 그것은 개혁Reform이라고 불렸다. 혁명적 상징의 추상에 반대되는 몇 가지 경험적 조치가 아니라 역사적 필연성의 다른 상징이자 시간 전쟁의 새로운 플롯 구성으로서의 개혁. 19세기에 마르크스와 엥겔스는 장인과 프티-부르주아가 구시대적 사회 형태와 이상에 집착하는 바람에 그들이 자본주의의 발전 및 그 발전이 예고한 사회주의 미래의 발전을 지연시켰다며 규탄했다. 20세기 말에 이 시나리오는 수정됐다. 도래할 행복의 조건은 노동법을 필두로 하여 고용 조건, 보건, 연금 체계, 공공 서비스 등에 관한 법률과 같이 과거로부터 물려받은 구시대적 형태들을 파괴하는 것이었다. 미래로 향하는 길을 가로막는 자들은 그런 구태의연한 잔재들에 아직도 집착하는 노동자들이었다. 그들을 책망하기 위해서는 시간의 질서를 거스르는 이 죄악에 다른 이름을 붙여야 했다. 그리하여 과거의 노동자 투쟁을 통해 쟁취한 사회적 기득권은 '특권'이라는 다른 이름으로 불리게 됐다. 그리고 공동체 전체의 장기적 이익에 맞서 자신의 단기적 이익을 지키려는 그 이기적 특권층에 맞서는 전쟁이 시작됐다. 이러한 토대 위에서 프랑스의 많은 좌파 지식인은 마르크스주의 과학의 논변들을 거꾸로 과거의 '특권'에 맞서는 우익 정권의 투쟁을 지지하는 데 사용했다. 역사적 필연성의 방향은 여전히 그쪽이었다. 역사적 필연성이 더는 혁명의 승리가 아니라 자유 시장의 승리로 이어질 뿐이라는 사실은 부차적 문제였다.

한편으로, '대서사'는 그것이 파괴하기로 되어 있던 질서의 경영자들에게 인수되어 재활용됐다. 사실 그 서사의 다른 버전이 아직 남아 있다. 자본주의적 시간 질서에 대한 비판으로서 스스로를 재확인하는 버전 말이다. 하지만 이 비판적 버전마저도 수정됐다. 이 비판적 버전은 체계의 부정의를 비난하는 것 못지않게 체계의 희생자들, 그저 번갈아 일어나는 사태의 시간 속에 머무는 거주자들의 무지도 비난한다.[11] 공식 담론은 그 희생자들을 전 지구화된 자유 시장의 시간에 적응하지 못하는 무지렁이라고 나무란다. 비판적 담론은 [그와] 반대되는 대칭적 진단을 내놓는다. 비판적 담론은 그 희생자들이, 자유 시장의 '자유'—즉 유연한 개성, 소비 지상주의적 나르시시즘 등의 가치들—를 내면화하는 수동적 형태로든 아니면 그 '자유'의 군림을 가로막는 전통적 장애물들을 파괴하는 것과 결합된 반-권위주의적이고 자유지상주의적인 가치들을 홍보하는 능동적 주장[의 형태]로든, 자유 시장의 시간에 너무 잘 적응하여 자유 시장의 요구를 충족시켜주고 있다고 질책한다.

한편, 물신주의·소비지상주의·스펙터클 비판은 과거에는 자본주의 기계의 작동을 보여주는 것과 관련됐지만 이제는 이른바 '민주적 개인들'을 타깃으로 삼고 체계의 재생산을 그 민주적 개인들 탓으로 돌린다. 다른 한편, 반-권위주의적 반란의 집단적 형태는 새로운 자본주의 발전 형태가 요구하는 주체화 양식을 수립했다고 비난받았다. 영향력 있는 사회학 저서 『자본주의의 새로운 정신Le nouvel esprit du capitalisme』에서 제출된 논변이 그러했다. 그 저자들에 따르면, 1968년의 반항적인 청년 학생들은 사회 비판 전통을 (자율성과 창의성 같은 개인주의적 가치들에 의거한) '예술적' 비판이라는 새로운 형태로 대체해버렸다. 이렇게 해서 청년 학생들은 1973년의 위기 이후에 자율성과 창의성 같은

가치들을 새로운 유연 경영 형태 안에 통합함으로써 자본주의를 쇄신하는 수단을 자본주의에 제공했다.[12]

'비판적' 사유는 결국 체계가 끊임없이 자신을 재생산하며 여하한 형태의 전복을 자신의 동학 안에 흡수하는 방식을 줄기차게 보여줌으로써 공식 담론에 안감을 덧대고 말았다. 이 순환 논리는 두 플롯에 알맞다. 하나는 지식의 증명을 특권화하는 플롯이고, 다른 하나는 최후의 심판의 예언을 옹호하는 플롯이다. 전자에서는 반복의 플롯 그러니까 필연성의 영원한 재생산에 가해지는 영원한 비난이 있다. 후자에서는 유연한 개인이자 나르시스적 소비자인 인류가 자신을 최후의 심판일 —최후의 심판일에 인류는 시간의 질서에 맞서 저지른 모든 죄악을 속죄할 것이다— 쪽으로 내모는 파국적 나선의 플롯이 있다. 간단히 말해, 단절 가능성을 수반하는 인과적 과정의 시간은 이 [단절] 가능성을 지워버린다는 점에서는 매한가지인 두 시간—영원한 재생산의 시간 그리고 쇠락과 파국의 시간—으로 분열된다.

그래서 역사의 심판이라는 논리는 두 극작법에 따라 재분배된다. 첫 번째 극작법은 역사의 법정을 우리 사회의 생명 유지에 필수적인 구제책에 대한 지식으로 다시 데려간다. 두 번째 극작법은 이 생명 자체를 최후의 심판 장면으로 만든다. 두 극작법 모두 오늘날 지배적 필연성의 플롯 즉 '위기'의 플롯에 꼭 맞는다. 마르크스가 살던 시대에 경제 위기는 자본주의적 합리성의 핵심에 있는 비합리성의 기호, 자본주의적 합리성의 임박한 죽음을 가리키는 기호였다. 오늘날 경제 위기는 그 정반대 방향으로 작동한다. 위기는 자본주의적 합리성을 떠받치는 바로 그 토대가 된다. 한편으로 '위기'는 그저 전 지구화를 가리키는 다른 이름이다. 위기는 이른바 '피할 수 없는' 현실로서, 자유 시장의 지배를 저해하는 후진성의 형태는 무엇이든 다 파괴하라고 지시한다. 하지만 위기는 이 [자유 시장] 지배와 과학적 필연 법칙의 동일시를 항구적으로 나타내는 가시적 기호가 되기도 한다.

이 동일시는 위기 개념의 경제적 의미 뒤에서 그 개념의 첫 번째 의미인 의학적 의미를 재활성화한다. 이 재활성화는 위기 개념과 병의 시간이 맺는 관계를 달라지게 하는 왜곡을 시사한다. 히포크라테스 전통에서 위기[고비]는 명확한 순간이었다. 고비는 병의 마지막 순간인바, 그때 의사는 자신이 할 수 있는 것을 다 해놓고 병자가 죽든 낫든 할 마지막 싸움을 홀로 벌이게 놔둔다. 하지만 새 시나리오에서는 그 정반대가 된다. 고비는 이제 소산消散의 순간이 아니라 병리적 상태 자체이다. 경제적 위기는 사회적, 심지어 인간학적 위기 즉 사회 내지 인류가 항구적으로 병에 걸린 상태가 됐다. 그리고 이 지병持病은 옛 시나리오에서는 물러나 있던 캐릭터인 의사에게 전권을 부여한다. 세계의 보통 상태를 가리키게 된 위기는 분명히 의사들의 주의 깊고 부단한 케어를 요구한다. 사실인즉, 이 '의사들'은 '위기'라고 불리는 사태를 관리하는 국가 당국과 금융 권력이다. 이는 결국 위기라는 이름의 질병이 착취 체계의 건강과 다름없다는 말이 된다. 하지만 이 정상 과정을 '위기'라고 부르는 덕에 병리적 잇닿음의 시간 ─ 거기서 위기는 실직, 임금 하락, 복지 혜택 축소를 뜻한다─ 속에서 살아가는 병자와 과학의 시간 ─거기서 위기는 과학에 의해 알려진 전반적 필연성을 가리키는 동시에 치료해야 할 무지렁이의 병을 가리킨다─ 속에서 살아가는 자 사이의 간극을 다시 파낼 수 있게 된다. 이로써 과학자들의 과학과 무지한 자들의 무지가 확인될 뿐 아니라 무지한 자들의 죄도 확인된다. 무지한 자들의 병은 그들이 자신들의 시간을 전 지구적 시간에 맞추지 못하는 무능력에서 연유하는 것이다. 시간의 정의라는 대서사는 아는 자와 알지 못하는 자의 시간에 관한 단순 대립으로 귀착된다. 물론 그와 동시에 건강과 병의 동일성, 의학적 정상 상태와 도덕적 결함의 동일성은 그 자체로 파국적 도식에 따라 해석될 수 있다. 파국적 도식에서 위기는 일반적 위기가 되고 인간이 저지른 죄악에 대한 최후의 심판이 된다.

우리는 대서사의 시간을 벗어난 적이 없다. 지배에

대한 찬동을 설계하는 서사든 지배에 대한 항의를 표방하는 서사든 그것의 시간은 아리스토텔레스까지 거슬러 올라가는 허구 논리 안에 여전히 붙잡혀 있다. 즉 사건들의 필연적 연쇄 논리, 그 자체로 시간성의 위계적 나눔에 바탕을 두는 논리에 말이다. 이른바 군림하는 '현재주의'의 영향 아래, 국가·금융·언론·과학의 모든 당국은 동일한 개인들을 전 지구적 시간의 정의에 종속시키는 동시에 이 시간에 맞서 꾸준히 잘못을 범하게끔 하는 이 간극을 줄기차게 생산하고 있다. 그 당국들은 전 지구적 필연성의 허구를 재생산하는 동시에 정의를 복구하는 지식의 시간 속에 살고 있는 자와 무지의 범행 시간 속에 살고 있는 자를 가르는 차이를 재생산하기 위해 노력한다. 공식적 담론과 비판적 담론, 진보 및 행복의 허구와 쇠락 및 불행의 허구는 동일한 원 안에서 쳇바퀴를 돈다. 그 원에서 빠져나와 시간의 정의를 다시 사고하고 싶다면, 우리는 초점을 바꿔 수평적 진보 그리고/혹은 쇠락의 차원에서 수직적 시간 분배로 이동해야 할 성싶다. 이런 취지로 나는 노동자 해방 형태와 지적 해방론에 관해 작업할 때 마주쳤던 시간의 정의의 몇몇 측면을 다시 생각해보고 싶다.

내가 처음 배운 것을 다음처럼 아주 간단히 설명할 수 있다. 착취의 부정의에 예속되는 자들이 겪는 가장 근본적인 부정의는 시간을 갖지 못하는 부정의, 시간성 분배의 부정이라고. 이 분배는 그들을 일[작업]이라는 물질적 구속 안에 옭아매거니와 그들에게 그 구속에 부합하는 영혼과 육체를, 시공간을 점유하는 방식을, 보고 말하고 사유하는 방식을 부과한다. 이것이 다양한 맥락에서 내가 여러 차례 논평한 텍스트를 읽을 때 처음 배웠던 것이다. 내가 그 텍스트를 여러 차례 논평한 까닭은, 그것이 내가 해방의 의미를 그리고 해방이 시간과 공간을 다루는 방법을 이해하는 방식에서 결정적이었기 때문이다. 나는 여기서 소목장이 루이 가브리엘 고니Louis Gabriel Gauny가 1840년대에 작성한 노동일 관련 서사에 대해 이야기하려고 한다.[13] 노동일이란, 그가 서술하듯, 노동력 재생산 시간과 잉여 가치 생산 시간으로 자기 분할 되는 전 지구적 자본주의 착취 과정의 단편일 뿐 아니라 노동자에게 강제된 업무[점유]occupation이기도 하다. 업무[점유]는 활동의 실천일뿐더러 시공간에 존재하는 방식이기도 하다. 이런 뜻에서 노동일은 삶의 형태의 나눔이기도 한 시간성의 나눔을 꾸준히 재생산하는 일상의 필연이다. 노동일work day은 또한 시hours와 분minutes의 구체적 흐름(차례차례)이기도 하다. 거기서 정상적 재생산과 관련하여 가능한 간극 하나가 발생할 수 있다. 공간의 구속에 맞서 생각을 다른 곳으로 이끄는 시선의 빗겨남을 되찾거나, 시간의 구속에 맞서 몸을 더 빠르거나 느리게 하는, 어쨌든 다른 식으로 작동케 하는 사고의 간극을 되찾는 육체와 정신의 작업이 가능한 것이다.[14] 『프롤레타리아들의 밤La nuit des prolétaires』에서 나는 고니가 이 같은 식으로 구축한 근무 시간hours의 극작법을 분석했다.[15] 나는 사고의 운동과 육체의 운동이 맺는 관계가, 갱신된 예속의 시간성과 획득된 자유의 시간성 그러니까 동일한 시간의 공간을 점유하는 시간성의 두 형태 사이에 존재하는 복잡한 간극의 논리를 어떻게 구축하는지 보여주었다. [시간] 회수의 첫 단계는 정의상 내레이션[서술]의 질서에서 배제되는 시간, 시간의 재생산(즉 시간들의 나눔) 말고는 아무것도 일어나지 않는 시간을 서사화하려는 결정이었다. 소목장이는 자신의 노동일을 진술하는 게 아니라 허구를 구축했다. 그는 정의상 새로운 그 무엇도 일어나지 않는 시간을 어느 때든 다수의 미시-사건이 일어나는 시간으로 바꿔놓았다. 그리하여 노동일은 과학이 생산 체계의 법칙을 인지하는 공간으로서의 미시세계이길 그쳤다. 노동일은 시간들을 다시 나누는 시간이 됐다. 이 재배분은 그 자체로 이전 것의 표현이었다.[16] 즉 글을 쓰기 위해서 소목장이는 노동자가 힘을 복구하는 데 써야 할 휴식 시간을 노동의 구속에 예속되지 않는 자들만 사용하는 여가 시간으로 바꿔놓음으로써 그가 '갖지' 않은 시간을 내어야 했다.

이것이 요점이다. 시간은 과거 사건과 미래 사건

사이에 뻗은 하나의 선이기 이전에 하나의 환경milieu이
요 하나의 삶의 형태이다. 이것이 바로 노동일에 관한
서사에서 [내가] 배울 수 있었던 것이다. 이 요점에 입
각해 시간의 정의에 대해 생각해볼 수 있다. 전 지구적
시간 진행 과정에 맡겨진 시간의 정의에 대해서가 아니
라, 이와 거꾸로, 시간의 내적 재분할로서, 간극—무지
와 뒤늦음의 현시가 아니라 시간성을 나누는 정상 논
리에서 이탈한 실정적 단절—의 생산으로서 작동하는
시간의 정의에 대해서 말이다. 이 요점에 입각해 시간
적 연쇄의 다른 형태를 생각해볼 수 있다. 연대기라는
나쁜 경험적 시간의 중핵이었던 것, 그저 다른 순간 다
음에 오는 순간에 닻을 내리는 형태에 대해서 말이다.
이 순간들 각각은 시간들의 나눔이 재생산되는 지점인
동시에 가능한 간극과 가능한 재배분이 일어나는 지점
이다. 순간은 장기 지속 및 그것의 인과 연쇄에 대립되
는 일시적인 것의 시간이 아니다. 순간은 운명의 저울
위에 올려진 추를 재분배함으로써 다른 시간을 발생시
키는 힘이다. 나는 시간성의 다른 선을 발생시키는 순
간의 바로 그 힘을 지적 해방론의 핵심에서 발견했다.
나는 조제프 자코토Joseph Jacotot의 저작에 나타나는 지
적 해방론을 『무지한 스승Le maître ignorant』에서 분석한
바 있다.[17] 한쪽에는 교육학적 진보의 정상 시간이 있
다. 그것은 바른 순서로 즉 무지 상태에 걸맞게 처음에

는 단순한 것에서 시작해서 나중에는 복잡한 지식으로
한 단계씩 올라가야 하는 전진처럼 규정되는 시간이다.
무지에서 지식으로 옮아가는 이 경로는 동시에 불평등
에서 평등으로 옮아가는 경로로 간주된다. 그것은 사실
불평등을 무한히 재생산하는 시간성이다. 다른 한쪽에
는 해방의 시간이 있다. 그것은 어디서나 출발할 수 있
고 어느 때나 뭐든지 시작할 수 있는 시간이요, 이 임의
의 지점과 이 임의의 순간에 예상치 못한 접속을 창조
하여 연장될 수 있는 시간이다. 바로 이것이 자코토가
설명의 질서에 맞서 내세운 명백히 단순해 보이는 격
언이 함의하는 바이다. 전체는 전체 안에 있다. 뭔가를
배우라, 그리고 그것을 '모든 인간은 평등한 지능을 갖
는다'는 원리에 따라 나머지 모든 것과 연결하라. '전체'
안에서 발견될 수 있는 '뭔가'에서 새로운 시간이 시작
될 수 있다. 이 시간 연쇄 형태는 교수법의 틀을 훨씬
초과한다. 다른 시간을 개시하는 순간의 힘은 '수동적'
인간에 속했던 자들이 [자신들을] '기다려주지 않는 일
[작업]'을 잊고 작업장을 나와 거리에서 공통의 시간에
대한 자신들의 참여/몫을 주장하는 혁명의 날을 특징짓
는다. 잘 알려진 텍스트에서 발터 벤야민Walter Benjamin
은 이 시간을 시간적 연속체의 강력한 폭발로 봤다. 그
폭발은 1830년 7월 파리 혁명기에 (여호수아가 해를 멈
췄던 것처럼) 거리의 시계에 총격을 가해 시간을 멈추

게 했다고 전해지는 인간의 일화로 상징된다.[18] 그런 날이 만들어내는 것은 오히려 다른 시간의 열림이다. 시간의 시간적 질서를 구조 짓는 명증성이 제거되는 시간, 가능태들의 분배가 다시 짜이고 그와 더불어 시간에 거주하는 자들의 힘도 다시 짜이는 시간의 열림. 그것은 지배적인 시간 질서 내에 뚫린 돌파구에서 구축되는 새로운 공통의 시간이다.

　　사건들의 다른 질서를 발생시키고 사건들을 연결하는 다른 형태를 발생시키는 순간의 힘은 근대modern times에 들어 모순적 운명을 겪었다. 한편, 마르크스주의 혁명 전통은 그 순간을 '나쁜 시간' 편으로 되돌려 보냈다. 나쁜 시간이란 역사적 과정에 대한 지식에 기반을 둔 행위의 시간성과 대비되는 일시적 순간의 시간, 상상적 미래의 시간이다. 다른 한편, 시간의 등급scale에서 이루어지는 단절은 다른 혁명 즉 문학이라고 불리는 허구 기술의 근대 혁명의 원리가 됐다. 이 혁명은 바로 잇달음의 시간과 인과적 접속의 시간을 가르는 아리스토텔레스적 대립을 문제 삼았다. 나는 버지니아 울프 Virginia Woolf가 쓴 「근대 소설Modern Fiction」[1919]을 생각한다.[19] 그 시론에서 울프는 플롯의 폭군[압제]을 규탄하고, 원인과 결과의 거짓 시퀀스에 (우리의 마음속에 쉼 없이 떨어지며 작가가 글로 옮겨 적어야만 하는) 시간 원자들의 진리를 대립시킨다.[20] 소설에서 일어나는 시간 질서의 단절은 대개 (한가한 부르주아 영혼들이 느끼는 가지각색의 감정을 디테일하게 묘사하는 데 시간을 들이는) 문학의 편향된 엘리트주의적 입장으로 간주되어왔다. 하지만 이는 시간의 등급에서 이루어지는 단절이 무엇보다 두 인간 범주의 대립을 기각하는 것이라는 사실을 잊을 일일 테다. 번갈아 떨어지는 원자들의 시간은 능동적이라 일컬어지는 인간과 수동적이라 일컬어지는 인간 [모두]에게 공통되는 시간이다. 울프의 여주인공 댈러웨이 부인이 길에서 마주치는 모든 무명의 삶과 공유하는 것이 바로 그 시간이다. 그것은 시간의 장벽의 잘못된 편에 자신을 가둬놓는 질서를 깨부수려고 분투하는 그 모든 무명의 삶의 시간인 것이다. 저녁 파티 준비에 여념이 없던 댈러웨이 부인의 하루 뒤에서 우리는 귀스타브 플로베르Gustave Flaubert가 묘사하는 다른 하루가 있음을 느낄 수 있다. 농부의 딸 엠마 보바리의 하루. 그녀는 천편일률적으로 흘러가는 시각들의 시간을 창문 너머로 바라보다가 이 반복되는 질서를 깨부술 이야기를 지어내려고 시도한다. 이 하루 뒤에는 자신의 예속된 근무 시간을 자유 시간으로 변환하는 소목장이 고니의 하루가 있다. 근대 문학의 허구는 행복과 불행 사이 투쟁이 하루의 어느 시각에나 일어날 수 있는 이 시간, 다수의 미시-사건으로 이루어지는 이 시간에 심혈을 기울인다. 그 미시-사건들의 민주적 공존과 해석은 전통적 허구를 특징짓는 종속의 시간에 대치對置된다. 이는 다음을 뜻하기도 한다. 근대 문학은 일상의 운명에 처한 남성과 여성이 되찾은 시간을 소재로 근대 문학 자체의 시간을, 서사의 새로운 조직texture을 창조했다는 것. 그와 동시에 근대 문학은 그것이 만든 캐릭터를 자신이 갖지 않은 시간을 헛되이 갖길 원하는 자들의 불행 속에 유기했다는 것.[21]

오늘날 유일한 가능태의 경영 아니면 최종 파국, 이 두 버전으로 귀결되는 필연성의 대서사에서 빠져나오기 위해서는 전 지구적 과정의 서사, 해방의 순간들의 시간성, 문학적 허구의 시간이 벌이는 이 3자 게임을 다시 사고하는 게 쓸모 있을 거라고 생각한다. 그 게임을 다시 사고하기는 특히 개인적 체험의 시간과 집단적 언명의 순간들을 연결하는 가능한 접속들을 오늘 다시 사고할 때 쓸모가 있는 것 같다. 한편으로, 이제 개인의 전 생애에 걸쳐 지배력을 행사하는 전 지구적 과정의 법칙에 부합하는 '유연한' 개인성 혹은 '신자유주의적 주체성'과 관련하여 유행 중인 분석들을 의문에 붙일 필요가 있어 보인다. [다른 한편으로,] 나는 마이클 하트Michael Hardt와 안토니오 네그리Antonio Negri의 분석에도 동의할 수 없다. 그들은 노동 시간과 삶 시간의 동일성을 가정함으로써 뒤집힌 결론을 끌어내고자 했다. 미래 공산주의의 시간이 현재 자본주의 생산 형태 안에 이미 현존한다는 것.[22] 오히려 동시대의 노동 형태는 구멍이 숭숭 뚫린 시간 경험을 부과한다. 그 시간은 불연속적이며 휴지休止로 가득 차 있다. 고용과 실업을 끊임없이 오가는 이행, 파트타임 일자리의 증가, 온갖 형태의 비정규직. 지불 노동 시간, 교육 시간, 예술 작업 시간, 생계형 아르바이트 시간에 동시에 속하는 자들의 증가. 특정 직종에 대비해 교육을 받았으나 전혀 다른 직종에 취업한 자들. 한 세계에서 일하고 [그것과] 다른 세계에서 사는 자들. 이 조각난 시간은 해방의 문제를 현재의 의사일정에 다시 포함시킬 수 있을지 모른다. 순간들의 점유를 제 현장site 삼고, 시간성의 위계적 나눔—노동 시간에서 능동성과 수동성의 나눔, 비노동 시간에서 휴식과 여가의 나눔—을 제 타깃 삼는 자들이 빚어내는 갈등의 문제틀. 불안정한precarious 시간을 재전유하려는 이 전쟁은 어쩌면 개인적 단절과 집단적 단절을 새로이 연결하는 원리가 될 수도 있다. 7년 전 프랑스에서 '비정규 공연 예술인Intermittents of the Spectacle'이라 불린 자들이 벌인 파업이 증명했던 게 바로 그것이다.[23] 이 파업은 가시적 노동 시간과 작업 준비 소요 시간으로 분열된 시간 속에 사는 예술가들을 대상으로 하는 실업 보상 제도가 위협받으면서 시작됐다. 하지만 파업이 진행되면서 두 경향이 대립했다. 그 운동의 몇몇 행위자는 자신들의 직종별 요구의 특수성을 간직하고자 했다. 반대로 다른 집단은 그들의 요구를 일반화하고자 했다. 이들은 '예술가'의 간헐적 시간 intermittent time이 오늘날 불안정한 노동 시간이 향하는 일반적 형태임을 보이고자 했거니와 이 불안정한 조건에 맞서는 새로운 투쟁 형태—시간의 나눔을 둘러싼 새로운 전쟁 안에서 구축되는 공통 시간의 형성—를 조명하고 싶어 했다.

이러한 관점에서 최근 등장한 집단적 투쟁 형태들을 분석하는 것은 흥미로울 수 있다. 아랍의 봄, 스페인의 '인디그나도스[분노한 사람들]' 운동, (마드리드, 뉴욕, 아테네, 이스탄불의) 오큐파이 운동. 시간의 단순한 나눔의 이름으로 그러니까 즉흥적 반응과 그것의 일시적 실존에 대해 순간들을 수단과 목적의 접속에 따라 한데 묶는 장기 전략의 시간을 맞세우면서, 이 투쟁들의 중요성을 부인하는 경우도 자주 있었다. 하지만 그와 같은 단순 대립은 시간의 나눔(분할과 공유)이라는 훨씬 더 복잡한 게임을 간과한다. 바로 이 [복잡한] 게임을 요약하는 단어가 occupation[업무/점유]이다. 사실 이 단어는 공간과 시간의 분배 안에 구현되는 정의의 문제로 돌아간다. 플라톤적 국가의 정의는 각자를 그들의 고유한 활동에 맞는 필연적 시공간에 머물게 하는 업무[점유]의 분배로 이루어진다. [19세기 장인들은 자신들이 갖지 않은 시간을 탈취함으로써 이 정의에서 스스로 해방되려고 시도했다.] 20세기 공장 노동자들은 이 나눔에 맞서 자신들의 공장을 집단 점유[점거]함으로써 착취 노동의 장소를 노동자들의 집단적 힘이 발휘되는 공간으로 바꿨다. 오늘날 어떻게 보면, 일군의 노동자에게 공장이 차지하던 자리를 광장이나 거리가 대체하고 있다. 자기 일터의 시공간에 따라 흩어져 있는 노동자들은 도시 통행 공간 안에서 공통 시간을 위한 장소를 창조하지 않으면 안 된다. 바로 그 장소에서 [지배적 시간에 대한] 하나의 간극을 똑같이 긍정함으로써 다양하게 조각나 있는 시간 경험들이 결집될 수 있다. 불안정 노동의 현재 시간에 특징적인 시간 박탈 및 시간 회수의 다양한 경험, 튀니지 어느 길거리 노점상─그의 자살로 재스민 혁명이 촉발됐다─과 뉴욕이나 마드리드의 점거된 광장에 있는 무직 졸업생에게 공통된 현재. 어제의 노동자들은 자신들을 이미 규합했던 노동 현장을 점거했다. 반면 무명인으로서 불특정한 통행 현장을 점거하는 일은 아마도 공간 분배라는 개념을 갈등의 중심부에 되돌려놓는 방법이 될 것이다. 가장 의미심장한 점거 장소 가운데 하나인 이스탄불의 탁심 광장 점거가 그 현장을 미래에 어떻게 사용할지를 두고 벌어진 갈등─불특정한 사용을 위해 모두에게 개방되는 여가의 장소를 권력 복합단지 및 상업 공간으로 전환하는 문제─에서 일부 비롯되었다는 사실은 사소한

일이 아니다. 광장 점거가 다양한 시간 경험—이 경험
들은 시간에 작용을 가하는 다양한 형태로 번역된다—
이 마주치는 시간이었다는 것 역시 중요하다. 이는 마
치 (전통적인 전략적 시간성 대신) 새로운 집단적 행위
형태들이 케케묵은 플롯의 압제에 맞서 문학 혁명이 내
세우는 시간성의 공존 형태들을 실행한 것만 같았다.
점거의 시간성은 시간을 되찾는 다양한 형태의 연접이
다. 하루의 정상적 시간 흐름의 중단이 있고, 탁심 광장
에서 <u>스탠딩 맨</u>[서 있는 남자]standing man의 퍼포먼스가
상징적으로 보여준 행위가 있다.[24] 스탠딩 맨은 아타튀
르크 문화 센터를 마주보고 8시간 동안 말없이 가만히
서 있었는데, 이 중단의 시간은 예술 퍼포먼스의 시간
과 정치 행위의 시간이 마주치는 새로운 형태 가운데
하나이기도 하다. 공적 삶의 제도적 형태들에 관해 자
율적으로 토론하고 결정하는 집단적 시간을 조직하는
형태들이 있다. 일상의 집단적 삶을 조직하는 형태들이
있다. 지배 체계 안에서 시간 경영의 기능은 재화 생산
체계에서부터 지식 전달이나 정보 유통에 이르는 먼 길
까지 간극을 생산하는 것 즉 무능력을 생산하는 것이다.
그러한 곳 도처에서 모두가 지닌 능력을 긍정하는 제도
의 형태로 공통의 시간을 재구축하는 순간들을 하나의
장기적 과정 안에 설치하려는 노력이 있다. 과거 노동
자들의 운동에서 삶의 시간의 조직은 현재 속에서 미래

를 예견하는 중요한 역할을 맡았다. 최근 전개된 운동들이 삶의 시간을 조직하는 이 대안적 형태들에 다시 주목하게 한 방식을 우리는 알고 있다.

물론 최근의 운동들은 이들 예견 형태의 모순을 의문에 붙이기도 했다. 하지만 내가 고민하는 문제는 미래에 관한 좋은 모델과 나쁜 모델을 지목하는 게 아니다. 내가 고민하는 문제는 단지, 오늘날 전 지구적 시간의 역사적 흐름, 지배 형태, 우리 삶의 시간이 맺는 관계를 사고하는 데 쓰이는 지배 모델들을 재검토하도록 사람들을 초대하는 것이다. 나는 이 지배 모델들과 관련하여 이중의 자리옮김displacement을 해야 한다고 제안했다. 대서사의 시간에서 이탈하도록 우리를 도울 수 있다고 자처하면서 유일한 현재에 몰두하는 분석들에 맞서, 나는 역사적 필연성의 서사가 해방의 약속을 미몽에서 깨어난 복종의 진술로 변환하거나 최종 파국의 예언으로 변환하는 대가로 지배적 시간을 어떻게 계속 구조 짓는지 증명하려고 노력했다. 나는 이 필연성의 서사 자체가 스스로 끈질기게 재생산한 위계적 시간 분할에 어떻게 뿌리박고 있는지 상기시켰다. 나는 위계적 시간 분할을 의문에 붙였고 지금도 그렇게 하는 계급투쟁 형태들과 서사 형식들에서 시간과 시간의 가능성들에 대한 다른 사유가 도출될 수 있는 방식을 보여주려고 노력했다.

주

1   감각적인 것의 나눔le partage du sensible에 관한 가장 충실한 설명은 다음과 같다. "어떤 공통적인 것의 존재 그리고 그 안에 각각의 자리와 몫을 규정하는 마름질을 동시에 보여주는 감각적 확실성의 체계를 나는 감각적인 것의 나눔이라고 부른다. 따라서 감각적인 것의 나눔은 공유되는 공통적인 것과 배타적인 몫을 동시에 정한다. 몫과 자리의 이러한 배정은 공간, 시간, 활동 형태에 대한 나눔에 바탕을 둔다. 이 나눔은 어떤 공통적인 것이 분유分有의 대상이 되는 방식 그리고 각자가 이 나눔에 참여하는[몫을 갖는] 방식을 규정한다. 시민은 통치 행위와 피통치 행위에 참여하는[몫을 갖는] 자라고 아리스토텔레스는 말한다. 하지만 나눔의 다른 형태(분유에 누가 참여할지를 규정하는 나눔)가 이 참여[몫을 가짐]에 선행한다. 말하는 동물은 정치적 동물이라고 아리스토텔레스는 말한다. 하지만 노예는 언어를 이해하더라도 그것을 '소유하고' 있지는 않다. 장인은 자신의 일 외의 다른 것에 헌신할 시간이 없기 때문에 공통적인 것에 종사할 수 없다고 플라톤은 말한다. 일은 기다려주지 않아서 그들은 다른 곳에 있을 수 없다. 감각적인 것의 나눔은 그가 행하는 것에 따라서, 이 활동이

수행되는 시간과 공간에 따라서 누가 공통적인 것에 참여할 수 있는지를[몫을 가질 수 있는지를] 보여준다. 어떤 '업무[점유]'를 갖느냐에 따라, 공통적인 것에 능력이 있는지 또는 능력이 없는지가 규정된다. 그 업무[점유]에 따라 공통 공간에 보일 수 있는지 또는 보일 수 없는지, 공통의 말을 지니는지 또는 지니지 않는지 등이 규정된다. 그러므로 정치의 토대에, 벤야민이 말하는 '대중의 시대'에 고유한 '정치의 심미화'와는 아무런 관계가 없는 어떤 '미학'이 있다. 이 미학은 어떤 예술 의욕을 가지고 그러니까 인민을 예술 작품으로 생각함으로써 정치를 도착적으로 파악하는 의미로 이해해서는 안 된다. 유추하자면, 우리는 미학을 어쩌면 푸코에 의해 재해석된 칸트적 의미로, 자신에게 느끼도록 주어지는 것을 규정하는 선험적 형식들의 체계로 이해할 수 있다. 시간과 공간, 보이는 것과 보이지 않는 것, 말과 소음을 마름질하는 것이 경험 형식으로서 정치의 장소와 쟁점을 동시에 규정한다. 정치는 우리가 무엇을 보는지, 본 것에 대해 우리가 무엇을 말할 수 있는지, 누가 보는 능력과 말하는 자질을 가지는지, 공간의 속성들과 시간의 가능태들은 무엇인지를 그 대상으로 한다."
Jacques Rancière, *Le partage du sensible: esthétique et politique*(Paris: La Fabrique éditions, 2000), pp. 12 ~14. 오윤성 옮김, 『감성의 분할』(도서출판 b, 2008),

13~15쪽. 프랑스어의 partage는, 위 인용구에서 알 수 있듯, 공통적인 것의 '공유'와 배타적인 몫의 '배분'을 동시에 뜻한다. 영어 distribution은 후자의 의미만 담고 있어 만족스러운 번역어는 아니다. 다만 이 책에서 랑시에르는 partage의 번역어로 distribution을 사용하면서 공유적 측면을 부각하지 않는 경우도 있으므로, partage/distribution을 맥락에 따라 나눔 혹은 배분으로 옮기기로 한다.

2   이 발표문의 프랑스어 버전(「시간, 서사, 정치Temps, récit, politique」)에는 이 문장 다음에 이런 구절이 있다. "지금·이전·이후를 정의하면서 그리고 그것들을 서사 속에 연쇄시키면서, 시간 범주들은 하나의 공통 세계가 우리에게 지각되고 사유되도록 주어지는 방식뿐 아니라 이런저런 주체가 공통 세계에서 점유하는 자리 그리고 주체가 공통 세계의 진실을 지각하는 능력을 미리 규정한다."

3   허구 개념에 관해서는 이 책 제4장 「영화의 시간들」 주 1을 참조할 것.

4   아낙시만드로스, DK12B1. 『소크라테스 이전 철학자들의 단편 선집』(아카넷, 2005), 135쪽. 이 단편에 대한 하이데거의 주해는 신상희 옮김, 「아낙시만드로스의 잠언」, 『숲길』(나남출판, 2008), 471~547쪽. 하이데거는 존 버넷John Burnet을 따라 이 잠언의 실제 인용구가 "… kata

to chreōn. didonai gar auta dikēn kai tisin allēlois tēs adikias."에 한정된다고 주장하고 나서 위 구절을 다음 과 같이 번역한다. "필요에 따라 …. 즉 그것들은 적합 함을 속하게 하고, 따라서 또한 부적합을 (극복하는 가 운데) 서로 간에 배려한다."(545쪽)

François Hartog, *Régimes d'historicité: présentisme et expériences du temps*(Paris: Éditions du Seuil, 2003). 현재주의에 관한 정의로는 프랑수아 아르톡이 위 책 의 영어판에 서문 격으로 붙인 글의 한 문장을 참조할 수 있다. "'현재주의': 오직 현재 즉 순간의 절대 권력과 동시에 끝없는 지금의 쳇바퀴로 특징지어지는 현재만 존재한다는 감각." F. Hartog, "Presentism: Stopgap or New State?," in Saskia Brown(trans.), *Regimes of Historicity: Presentism and Experiences of Time*(New York: Columbia University Press, 2015), p. xv. 현재 주의에 관한 설명으로는 다음 인터뷰를 참조. "현시대 는 과거와 연결된 그리고 미래와 연결된 어떤 매듭을 풀어버렸다. 이는 자기 충족적이길 바라는 일종의 현재 이며 다시 말해 유일하게 가능한 지평으로서 자처하고, 즉시성immédiateté 속으로 끊임없이 사라지는 것으로서 자처하려 하는 약간 괴물 같은 어떤 것이다. 동시에 이 현재는 누군가가 사회의 어느 쪽 말단에 위치하느냐에 따라 훨씬 더 분화된 것으로 드러난다. 한쪽 편에게 그것은 흐름의 시간이요 가치가 높은 이동성으로 경험된다. 다른 쪽 즉 프레카리아트 편에게 그것은 (특히 이주민들에게는) 복잡한 어법으로 존재하는 것 말고는 과거도 없고 진정으로 미래도 없이 완전히 속도가 둔화된 현재로 경험된다. 달리 말해, 현재주의에는 여러 측면이 있다. 거칠게 말해, 한쪽에는 충만하면서 영속적으로 운동 중인 현재가 있다면 다른 한쪽에는 (전망 없이) 갇힌 채로 꼼짝 못하는 현재가 있다." "Présentisme et émancipation: entretien avec François Hartog," *Vacarme*, No. 53(novembre 2010). http://www.vacarme.org/article1953.html

이 발표문의 프랑스어 버전에서 랑시에르는 아르톡의 '현재주의' 대신 장-프랑수아 리오타르Jean-François Lyotard의 '대서사의 종언la fin des grands récits'을 언급하고 있다.

6   아리스토텔레스, 『시학』, 제9장, 1451b27~28. "시인이 모방하는 것은 행동인 만큼 운율보다는 플롯[줄거리]의 창작자가 되어야 한다." 천병희 옮김, 『수사학/시학』(도서출판 숲, 2017), 373쪽. 플롯, 줄거리, 이야기를 뜻하는 희랍어 mythos를 랑시에르는 '허구'로 이해한다.

7   아리스토텔레스, 『시학』, 제13장, 전체. 천병희 옮김, 『수사학/시학』, 383~388쪽.

8   아리스토텔레스, 『시학』, 제11장, 1452a30~31. 천병희

옮김, 『수사학/시학』, 378쪽.

아리스토텔레스, 『시학』, 제9장, 1451a36~38. "시인이 할 일은 분명 실제로 일어난 일이 아니라 일어날 수 있는 일[가능성] 즉 개연성 또는 필연성의 법칙에 따라 가능한 일을 이야기하는 데 있다." 천병희 옮김, 『수사학/시학』, 371쪽.

『국가/정체』, 제2권 참조. 국가란 '필요chreia' 때문에 수립된다(369c). 특히 '최소한도의 국가', '작은 국가'를 만들기 위해서는 "한 사람 한 사람은 자신의 일ergon을 모두를 위한 공동의 것koinon으로 제공해야 한다."(369e) 이 효율적인 국가 운영은 "우리가 각자 서로 그다지 닮지를 않았고, 각자 서로 성향이 다르게 태어나서, 저마다 다른 일에 매달리게 될 것"(370a~b)이라는 사실에 의해 뒷받침된다. 이런 분업 체계에서는 한 사람이 한 가지 일을 적기(제때)에 해야만 더 많이 더 훌륭하게 더 쉽게 일을 할 수 있게 된다. "할 일이 일할 사람의 한가한 때를 기다려주지도 않겠거니와 일할 사람이 할 일에 반드시 전념해야지 그걸 부업parergon으로 취급해서는 안 된다."(370b)

『해방된 관객』, 제2장 「비판적 사유의 재난」을 참조할 것. Luc Boltanski, Ève Chiapello, *Le nouvel esprit du capitalisme*(Paris: Gallimard, 1999). 이 책에 대한 랑시에르의 논평 참조. "이 사회학자들에 따르면, 1960년

대의 반란 그리고 특히 68년 5월 학생 운동의 슬로건은 1973년 석유 위기 이후 곤궁에 처한 자본주의에 재생의 수단을 제공했을 수 있다. 68년 5월은 사실 자본주의에 대한 노동 운동 측의 '사회적' 비판—불평등과 비참에 대한 비판 그리고 공동체의 유대를 파괴하는 이기주의에 대한 고발—에 반대하여 자본주의에 대한 '예술적' 비판의 테마—탈주술화된 세계에 맞선 항의, 진정성·창의성·자율성에 대한 요구—를 내세웠던 것 같다. 바로 이 테마들이 동시대 자본주의에 통합되었던 것 같다. 자율성 및 진정한 창의성에 대한 이 욕망에 그것의 새로운 '유연성', 그것의 융통성 있는 감독, 가볍고 혁신적인 구조, 개인의 주도 및 '프로젝트별로 생기는 자율적 집단'에 대한 호소를 제공하면서 말이다." 『해방된 관객』, 52쪽.

13 Louis Gabriel Gauny, "Le travail à la journée," *Le philosophe plébéien.* Textes réunis par J. Rancière(Saint-Denis: Presses Universitaires de Vincennes, 1983), pp. 39~43.

14 랑시에르가 자주 인용하는 고니의 텍스트 참조. "자신이 마루판을 깔고 있는 방의 작업을 끝마치기 전까지, 그는 자기 집에 있다고 생각하면서 그 방의 배치를 마음에 들어 한다. 창이 정원으로 나 있거나 그림 같은 풍경이 내려다보이면, 그는 일순간 팔을 멈추고서 널찍한

전망을 향해 상상의 나래를 펴고 인근 주거 소유자들 이상으로 그 전망을 만끽한다." 랑시에르가 「미학적 전복」, 『해방된 관객』, 204~205쪽에 붙인 설명도 참조.

J. Rancière, *La nuit des prolétaires. Archives du rêve ouvrier*(Paris: Librairie Arthème Fayard, 1981), pp. 69~78.

이 모호한 문장을 이해하려면 이 발표문의 프랑스어 버전을 참조할 필요가 있다. "노동일을 기록한 서사는 그 시간을 경험하는 양상을 변화시킨다. 하지만 덧붙여야 한다. 이 서사의 기록은 그 자체로 시간 질서의 또 다른 변조를 전제한다." 따라서 노동일을 서술하는[사유하고 말하는] 나눔의 재배분 못지않게 노동일을 사용하는[행하는] 방식의 재배분이 문제가 된다. 후자는 전자의 전제이며, 전자는 후자의 표현이다.

J. Rancière, *Le maître ignorant. Cinq leçons sur l'émancipation intellectuelle*(Paris: Librairie Arthème Fayard, 1987). 자크 랑시에르, 양창렬 옮김, 『무지한 스승: 지적 해방에 대한 다섯 가지 교훈』(도서출판 궁리, 2016[개정판]).

"[...] [1830년의] 7월 혁명 시절만 해도 이런 [역사] 의식이 진가를 발휘하는 사건이 일어났었다. 처음 투쟁이 있던 날 밤에 파리 곳곳에서 서로 독립적으로 동시에 시계탑의 시계를 향해 사람들이 총격을 가하는 일이 벌어졌다. 아마 시의 각운에 자신의 선견지명을 빚지고 있음에 틀림없는 한 목격자는 당시 이렇게 적었다. 누가 그것을 믿을 것인가? 사람들 말로는 시간에 격분해 새로운 여호수아들이, 모든 시계탑 밑에서, 그날을 정지시키기 위해 시계 판에 총을 쏘아댔다고 한다." 발터 벤야민, 최성만 옮김, 「역사의 개념에 대하여」(테제 XV), 『역사의 개념에 대하여/폭력비판을 위하여/초현실주의 외』(도서출판 길, 2008), 346쪽.

19 Virginia Woolf, "Modern Fiction," in Andrew McNeillie(ed.), *The Common Reader, The Essays of Virginia Woolf*, Vol. IV, 1925-1928(London: Hogarth Press, 1994), pp. 157~165. 버지니아 울프, 정덕애 편역, 「현대 소설」, 『끔찍하게 민감한 마음』(솔 출판사, 1996), 111~122쪽.

20 "작가는 자신의 자유 의지가 아니라 그를 속박하는 어떤 강력하고 비양심적인 폭군에 의해 줄거리[플롯]를 만들고 희극, 비극, 사랑 이야기와 그리고 전체를 감싸는 개연성의 대기를 제공하도록 강요당하며 그러한 개연성은 너무나 흠잡을 데가 없어 만약 그의 인물들이 실제 인간으로 이 세상에 나온다면 그들은 모두 외투의 마지막 단추까지 그 시간의 유행에 맞추어 꽉 채우고 있을 것이다. 폭군은 받들어지고 그리고 소설은 알맞게 완성된다. […] 속을 들여다보면 인생은 '이렇다'

모던 타임스

는 것과는 매우 거리가 멀어 보인다. 한 평범한 날의 한 평범한 마음속을 한순간 조사해보라. 그 마음은 무수히 많은 인상들을 받아들인다—하찮은 것, 놀라운 것, 덧없는 것 또는 강철의 날카로움으로 새긴 것. 모든 방향에서 인상들은 수없는 원자의 끊임없는 소나기로 내린다. 그것들이 내려올 때 그리고 스스로를 월요일 또는 화요일의 삶으로 구성할 때 예전과는 다른 곳에 강조점이 떨어진다." Virginia Woolf, "Modern Fiction," *The Common Reader*, p. 160. 「현대 소설」, 『끔찍하게 민감한 마음』, 116쪽. 이 대목을 두고 랑시에르는 이렇게 논평한다. "자유로운 작가의 과제는 "원자들이 마음속에 떨어지는 순서를 그대로 기록"하고, "보기에는 제각기 아무리 통일성이 없어 보이더라도 각각의 광경이나 사건이 의식 속에 새겨지는 그 양식을 추적"하는 데 있다. 성마른 독자는 이 원자 소나기의 '하찮은 것'과 '덧없는 것' 사이에 무슨 차이가 있는지, 올드 스쿨 소설가들이 그것에 참되고 지속적인 것의 측면을 제공하려는 '하찮은 것'과 '일시적인 것' 사이에 무슨 차이가 있는지 물을지 모른다. 그에 대한 대답은 간단하다. 차이는 바로 무의미한 것과 하루살이 같은 것을 다루는 방식에 있다. '유물론자들'은 견고한 것을 원한다. 소설[허구]과 관련하여 견고한 것이란 개연성[그럴듯함] le vraisemblable이다. 즉 원자 소나기를 동일성에 속하는 성질들로 변형하기. 우연한 사건들을 원인과 결과의 인지 가능한 도식 안에 통합하기. '유물론자들'은 "어떤 강력하고 비양심적인 폭군에 의해 [...] 줄거리를 만들고 희극, 비극, 사랑 이야기와 그리고 전체를 감싸는 개연성의 대기를 제공하도록 강요당하는 것 같다." 울프는 이렇게 아리스토텔레스의 대립을 뒤집어엎는다. 개연성의 논리는 반예술적 거짓말이다. '그럴 법한 대로' 배치된 사물의 질서는 감각적 원자들의 위대한 민주주의에 압제를 행사한다. [...] 진리는 원자들의 낙하에 있다. 진리는 개별적인 것kath' hekaston에 있다. 하지만 이는 일상생활의 잇달음과 반복의 무의미한 전개가 아니다. 그것은 원자들의 우발적 편성 각각에 내재하는 위대한 공존, 보편적 삶이다. 개별적인 것을 전체성에 대립시키는 것이 중요한 게 아니라 전체와 다른 전체의 실존 방식이 중요하다. 아주 자연스럽게도 대기적 유형의 전체성이, 눈에 띄지 않는 미립자로 구성되는 확산된 전체성이 유기적 전체 모델을 대체한다." J. Rancière, "Le Mensonge de Marlow," *Le fil perdu: Essais sur la fiction moderne*(Paris: La Fabrique éditions, 2014), pp. 38~39.

21 J. Rancière, "La mise à mort d'Emma Bovary: Littérature, démocratie et médecine," *Politique de la littérature*(Paris: Galilée, 2007), pp. 59~83. 유재

홍 옮김, 「엠마 보바리의 처형: 문학, 민주주의와 의술」,
『문학의 정치』(인간사랑, 2009), 87~126쪽. 농부의 딸
엠마 보바리의 평범한 삶을 여타의 글쓰기와 똑같은
표현 형식으로 서술하는 민주주의적 문학성la littérarité
démocratique은 근대 문학을 가능케 하는 조건이다. 왜냐
하면 그것은 고귀한 주제/주체의 행위와 하찮은 주제/
주체의 일상적 삶에 어울리는 상이한 표현 방식을 규
정하는 재현적 체제의 규칙들을 뒤엎기 때문이다. 다시
말해, 그것은 시적 사건들의 인과적 연쇄와 단순한 사
실의 잇달음 사이 대립을 파괴했기 때문이다. 하지만
이 민주주의는 한편으로 캐릭터가 극중에서 삶과 문학
을 혼동하고, 다른 한편으로 보통 삶의 언어와 문학적
기교의 언어 사이 경계를 흐림으로써 문학 자체를 위기
에 빠트린다. 따라서 자신의 삶을 예술로 만들고자 했
던 보바리의 욕망(문학에 반하는 범죄)으로부터 예술
로서의 문학을 보존하기 위해서 플로베르는 캐릭터를
불행 속에 방치함으로써 [그것을] 처형했을 뿐 아니라,
비인격적이고 전개체적인 삶의 형태들 곧 인간 차원 이
하의 미시 사건들을 묘사하는 데 천착했다.
하트와 네그리가 여기저기서 되풀이한 주장이다. 시간
적 분할을 다룬다는 점에서 랑시에르가 염두에 두었
을 만한 책은 『공통체』이다. Michael Hardt, Antonio
Negri, *Commonwealth*(Cambridge: Belknap Press of

Havard University Press, 2009), pp. 133. 242. 안토니오 네그리·마이클 하트, 정남영·윤영광 옮김, 『공통체』(사월의 책, 2014), 200, 341쪽 참조. "노동 시간과 삶 시간의 구분이 흐려짐에 따라 노동의 생산적 힘은 사회적 삶을 생성하는 힘으로 전환된다." 그리고 "사실 오늘날 혁명은 더 이상 우리와 분리된 미래의 사건으로 상상될 수 없고, 현재 속에서, 어떤 의미에서는 이미 자신 안에 미래를 담고 있는 '초과하는' 현재 속에서 살아가야 한다."

23   비정규 공연 예술인les intermittents du spectacle의 투쟁이 제기하는 다른 쟁점('치안의 재정의')에 관한 랑시에르의 언급도 경청할 만하다. "첫 번째는 사회 보장 제도, 노동 조직 체계, 노동하지 않는 자들의 부양 체계를 재구조화하는 영역이다. 많은 이가 사실상 불안정해진 상황에서 국가는 이전까지 주로 노동조합 내지 사회 조직과 공유하고 협상하던 기능을 홀로 장악하고 있음이 확인된다. 프랑스의 경우, 이 기능을 국가가 독점하려는 경향 예컨대 사회 연대 체계를 과세 기반 보호 체계로 전환하려는 경향을 우리는 목도한다. (이 관점에서 모범적이라 여겨지는) 프랑스의 비정규 공연 예술인의 갈등을 보면, 사회 보장 제도의 회계 체계[셈법]에 다음처럼 문제를 제기하는 하나의 노동자 범주가 있다. 오늘날 개인의 사회적 지위를 구성하는 것은 무엇인가, 앞으로

모던 타임스   **54**

개인, 노동 구조, 국가에의 소속이 맺는 어떤 관계를 모색해야 하는가? 국가가 비노동 혹은 파트타임 노동 등을 관리하게 된 이상, 국가가 노동과 삶의 관계를 관리하게 된 이상, 또 하나의 영역이 규정된다. 그리하여 다음과 같은 물음이 제기된다. 누가 이 관계를 성찰할 수 있고 누가 이 관계를 성찰할 수 없는가? 연금 체계 개혁, (비정규 공연 예술인과 같이) 애매한 정체성에 관한 토론 전체는 노동 세계 일부와 나머지 사회의 관계에 대한 물음, 현재와 미래의 관계에 대한 물음 다시 말해 현재와 미래의 관계를 누가 사고할 수 있느냐는 물음을 제기한다. 비정규 공연 예술인은 이 관계를 사고할 수 있을까 아니면 그것은 국가의 독점 대상일까? 후자의 경우에는 국가만이 특수와 일반, 현재와 미래의 관계를 사고해야 할 것이다." J. Rancière, "Universaliser la capacité de n'importe qui," *Et tant pis pour les gens fatigués*(Paris: Éditions Amsterdam, 2009), pp. 492~493.

행위 예술가이자 무용가인 에르뎀 귄디즈Erdem Gündüz는 터키 경찰이 시위대를 폭력적으로 진압한 데 항의하기 위해 2013년 6월 17일 월요일 저녁 6시부터 새벽 2시까지 탁심 광장에서 아타튀르크 문화센터를 마주보고 꼼짝 않고 서 있었다. 홀로 이 퍼포먼스를 지속할 수 있을까라는 우려와 달리 귄디즈 곁에는 이내 무명의 사람들이 다수 함께 섰고, 나중에는 서서 책을 읽는 집단 침묵시위 형태로 발전하기도 했다. 이에 관한 국내 기사로는 http://dibrary1004.blog.me/30176839584 참조.

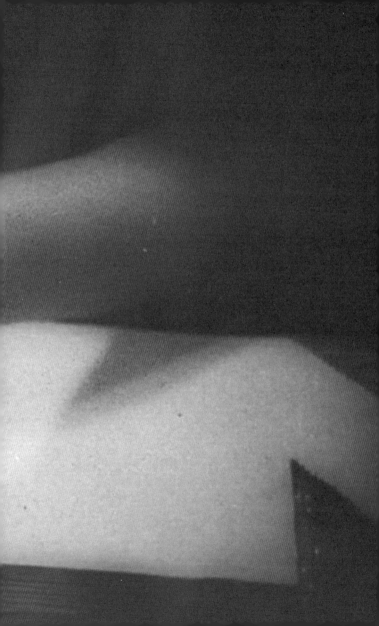

Me
Re

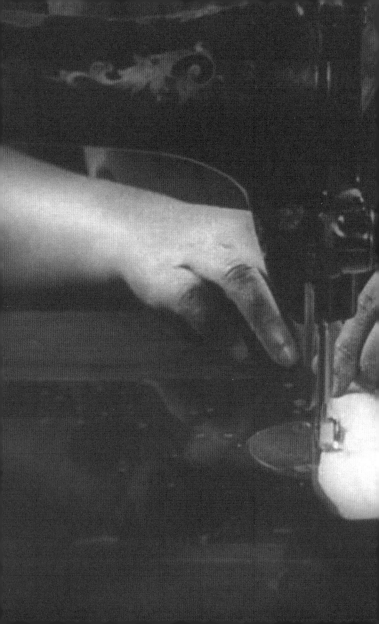

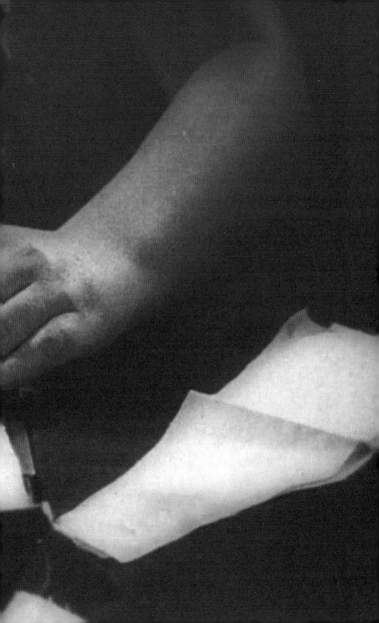

Mod
Revi

ernity
sited

모더니티 재고

이 장에서 다룰 쟁점을 분명히 해야겠다. 여러 텍스트에서 나는 예술적 모더니티를 예술의 자율성 그러니까 예술이 상품 문화 형태로부터 분리되고, 각각의 예술이 제 고유의 매체에 몰두하는 것으로 보는 이른바 '모더니즘적' 해석에 의문을 제기했다. 내 첫 번째 요점은 예술 혁명이 그저 예술 실천에서 일어나는 혁명일 수만은 없다는 것이었다. 그 이유는 예술이 저 혼자로는 존재하지 않는다는 데 있다. 미술사는 선사 시대 암각화에서 출발하곤 하지만, 예술은 매우 다양한 용도로 다양한 기술을 사용해 만든 오브제나 퍼포먼스를 독특한 감각 양식에 속하는 것으로 지각되게끔 해주는 특정 식별 체제 안에서만 존재한다. 이는 단순히 예술 작품의 '수용'에 관한 문제가 아니다. 예술 작품이 제작되는 경험의 바로 그 직조에 관한 문제이다. 이 직조fabric는 구체적 제도—퍼포먼스나 전시 장소, 유통 및 복제 방식—에 의해 구성되기도 하지만 지각과 감정, (지각과 감정을 식별하고 이해하는) 개념, 서사, 판단 방식에 의해 구성되기도 한다. 이 전체적 경험 체제 덕분에 말, 서사, 형태, 색, 운동, 리듬이 예술인 것으로 지각되고 사고될 수 있는 것이다.

그렇다면 이 말인즉 예술은 인류 일반의 태곳적 실천을 가리키는 이름이 아니라는 것이다. 예술은 18세기 말 이래 서구 세계에 존재했던 역사적 짜임historical configuration이다. 그전에도 기예—만드는 방식—는 많았다. 물론이다. 하지만 그것들은 인간 업무[점유]의 분할—여기서는 위계를 뜻한다— 내에 둘러막혀 있었다. 그러한 분할은 기예가 특정한 경험 영역을 구성하지 못하게 가로막았다. 미술Fine arts은 이른바 자유 학예liberal arts의 파생물이었다. 자유 학예는 자유로운 인간의 오락이기에 공예mechanical arts와 구별됐다. 기예의 재현적 체제the representative regime of art를 구조 짓던 원리는 인간 활동을 나누는 이 분할에 바탕을 두었다. 재현은 예술적 기술을 통한 현실 모방을 뜻하지 않았다. 재현이란 기예의 실천을 규칙의 전체 집합에 회부하는 모방의 법제를 뜻했다. 그 규칙들은 어떤 오브제나 캐릭터가 기예의 소재가 될 수 있는지 없는지 결정하고, 그 소재가 지니는 높낮이에 따라 어떤 기예 형태가 이런저런 소재에 부합하는지를 결정한다. 결국 재현은 기예의 생산물과 그 생산물이 관계하는 자들의 '자연적' 소질 사이 일치concordance 체계에 기예적 실천을 기입하는 것을 함축했다. 그 '자연적 소질natural dispositions'은 실제로 위계적 사회 질서의 규칙이었다. 따라서 반-재현은 시각 예술에서의 구상 파괴 이상의 의미를 갖는다. 반-재현은 이 상응 집합의 파괴, 내 식으로 말하면, 감각적인 것의 나눔의 파괴를 뜻한다. 기예적 실천과 그 실천의 가시성 및 이해 가능성의 양식이 맺는 관계를 다시 나누는 것을 나는 미학적 혁명the aesthetic revolution이라고 불렀다.

　이로부터, 사람들이 미학적 혁명을 '역사화'하고 '정치화'하려고 할 때 기대는 개념들 특히 '모더니티', '모더니즘', 아방가르드 같은 개념들과 관련하여 두 결론이 따라 나온다. 첫째, 이 개념들은 재현적 체제의 논리를 붕괴시킨 변환들을 개념화할 수 없다. 오히려 그 개념들은 그런 변환에 대한 특수한 해석을 제공한다. 그 해석에 따르면, 그런 변환들은 '근대modern times'의 요건을 충족시키려는 의식적인 예술 의지의 실행이다. 이 '충족'은 반직선one way line처럼 생각되는 역사 진화에 적응하는 것으로 아주 간단히 표현되는 경우가 잦았다. 그것은 '근대적 삶modern life'(전기의 마법, 기계의 리듬, 자동차의 스피드, 강철과 콘크리트의 날카로움 등)의 가속화를 좇으려는 의지로 묘사되어왔다. 나는 사정이 그렇지 않음을 보이고 싶다. 오히려 모더니티, 모더니즘, 아방가르드 개념은 시간성의 복잡한 엮임, 현재·과거·미래 사이의, 예견과 지체 사이의, 단편화와 연속성 사이의, 운동과 부동 사이의 복잡한 관계 집합을 수반한다. 이유인즉, 내 생각에 모더니티의 쟁점은 단순히 수평선 위에서 과거와 현재가 단절하는 문제가 아니기 때문이다. 모더니티의 쟁점은 시간의 수직적 차원 곧 시간이 감각적인 것의 나눔에서 맡는 역할을 다룬다. 나는 이미 요점을 말했다. 시간이란, 과거에서 미래로 뻗은 선이기 이전에, 인간 존재를 나누는 형태이자 삶의 두 형태(시간 있는 자들의 삶의 형태와 시간 없는 자들의 삶의 형태)를 분할하는 형태이다. 나는 '모더니즘'이 그러한 나눔과 관련하여 무엇을 뜻할 수 있는지 다시 생각하려고 시도할 것이다. 어느 개별 작업에 초점을 맞추면서 그 일을 해볼 심산이다. 그 작업은 모더니즘의 의지를 상징적으로 실행하고 있고, 그래서 '모더니즘적' 시간 플롯 구성의 성패가 걸린 쟁점을 상징적으로 예증해 보여준다. 하지만 이 점을 말하려면 먼저 두 텍스트에 입각해서 '근대적 시간성' 문제의 용어들을 설정해야 한다. 그 텍스트들은 각각 모더니즘의 역설을 범례적으로 예증하는 완벽한 보기에 해당한다.

예술적 모더니즘의 지배적 패러다임을 정식화했으며, 이후 이른바 포스트모더니즘의 주 타깃이 된 텍스트에서 출발해보자. 그것은 클레멘트 그린버그Clement Greenberg가 1939년 발표한 「아방가르드와 키치」다.[1] 내 생각에 주석가들은 그린버그의 분석에 동의하거나 거부하는 동안 그 분석의 역설적 측면에 충분히 주목하지 않은 것 같다. 그의 분석이 예술의 '모더니즘적' 가치에 대한 지지 근거를 쇠락 과정으로 묘사되는 역사적 필연의 불가피성에 두고 있다는 역설. 그린버그가 어떻게 이 쟁점을 세우는지 되짚어보겠다. 한 사회 형태가 발전해나가면서 그것의 특수한 형태들을 정당화할 수 없는 지점에 이를 때, 그 사회 형태는 "받아들여져온 관념들 즉 예술가와 작가가 청중과의 의사소통을 위해 크게 의존할 수밖에 없는 관념들을 깨뜨린다. … 종교, 권위, 전통, 양식이 포함하던 진리들은 의문시되고 예술가들은 그들이 작업에 사용하는 상징과 지시체에 대한 관객의 반응을 더는 짐작할 수 없게 된다."[2] 이것이 근대 예술가들에게 벌어진 일이다. 자본주의 발전의 어느 지점에 이르자 근대 예술가들은 고대 예술가들과 같은 상황에 처한 자신을 발견했다. 고대 예술가들은 자신들의 예술이 희랍의 민주 도시국가의 집단적 삶에 더는 뿌리를 두지 못하게 되자 알렉산드리아니즘의 절묘함이나 헬레니즘적 우아함의 매혹에 빠져들었던 것이다.

이 분석은 예술의 종언에 관한 헤겔의 잘 알려진 분석을 받아들인다. 예술이 더는 삶의 형태의 개화일 수 없게 될 때, 그것은 그저 기술적 기교의 표시, 단순한 자기 과시가 된다. 그것은 예술의 모방이 되며, 이는 곧 예술의 종언을 뜻한다.[3] 바로 이 헤겔식 '예술의 종언'을 그린버그는 예술의 미래로 바꾼다. 그린버그에 따르면, 아방가르드는 점점 더 인민의 삶에서 떨어져나가고 점점 더 모방하는 사실을 모방하는 데 엄격히 매달린다. 거기서 의문이 생긴다. 마르크스주의 비평가는 어째서 쇠락하는 문명의 불가피한 전개의 산물에 불과한 실천을 '아방가르드'라고 부르는 것일까? 그러한 모더니즘적 아방가르드는 미몽에서 깨어난 이른바 포스트모더니즘의 분위기를 훨씬 더 자아낸다. 그린버그의 대답은 역설을 한층 강화한다. 그는 알렉산드리아니즘과 아방가르드의 차이에 대해 다음처럼 말한다. 아방가르드는 앞으로 움직이는 반면 알렉산드리아니즘은 정지되어 있다. 이는 외려 빈약한 특권인데, 그도 그럴 것이 아방가르드가 [앞으로] 움직이는 유일한 까닭은 그것이 그것 말고는 할 수 있는 게 없기 때문이다. 어떻게 보면 아방가르드는 알렉산드리아니즘보다 훨씬 더 데카당할 수밖에 없다. 그린버그에 따르면, 아방가르드가 그럴 수밖에 없는 까닭은 그가 후위rear-guard라고 부르는 예술의 다른 형태가 있기 때문이다. 이 이른바 '후위'는 농부의 자녀들이 소비할 수 있도록 공산품을 제공해주는 자본주의 사회의 발전 즉 키치 문화에 더할 나위 없이 맞는다. 농부의 자녀들은 어떤 문화 전통도 그들에게 마련해주지 않았던 여가 시간을 이제 산업화된 메트로폴리스에서 즐긴다. 요컨대 아방가르드주의는 키치 문화에 구현된 자본주의 발전의 생생한 표현과 겨루는 경주에서 승리해야만 하는 자본주의적 데카당스의 가속화인 셈이다.

이 이상한 아방가르드 개념을 이해하려면 그것을 이전의 아방가르드와 이전의 모더니즘 역사에 대한 회고적 평가로 보는 수밖에 없다고 생각한다. 진보와 쇠락을 기묘하게 조합함으로써 그린버그는 시간의 다른 혼란(혹은 융합) 즉 진짜 역사적 모더니즘을 떠받쳐온 혼란 혹은 융합의 종언을 공포했다. 그린버그는 자신의 모더니즘 버전으로 이 역사적 모더니즘을 끝장내길 원했다. 모더니즘 기획의 시간적 복잡성을 이해하기 위해서, 그린버그의 진단보다 한 세기 앞서 내려진 진단, 미국 사상가 랠프 월도 에머슨Ralph Waldo Emerson이 내놓은 진단으로 돌아갈 것을 제안한다. 에머슨은 에세이 「시인The Poet」을 통해 헤겔의 도전에 응답했다. 그가 쟁점을 세운 방식은 다음과 같다. "시간과 자연은 우리에게 많은 선물을 주지만 만물이 고대하는 시의적절한 인간, 새로운 종교, 조정자는 아직 주지 않는다[...]. 우리 아메리카에는 여태껏 천재가 없었다. 압제적인 눈으로 우리의 탁월한 재료들의 가치를 알아보고, 시대의 야만과 유물론 속에서 같은 신들—천재는 호메로스의 시에 그려진 신들의 그림을 대단히 흠모한다—이 벌이는 다른 카니발을 본 천재가 없었던 것이다[...]. 은행과 관세, 신문과 전당 대회, 메서디스트주의와 유니테리언주의는 따분한 자들에게는 밋밋하고 따분하다. 하지만 그것들은 트로이 도시와 델포이 사원과 똑같은 경이로운 기반 위에 세워지고는 휙 사라진다. 우리의 결탁, 우리의 유세, 그들의 정치, 우리의 어장, 우리의 흑인들과 인디언들, 우리의 허세, 우리의 거절, 불량배의 분노, 정직한

이의 소심함, 북쪽의 무역, 남쪽의 식목, 서쪽의 개척, 오리건, 텍사스는 아직 노래로 불리지 않았다. 허나 아메리카는 우리 눈에 한 편의 시이다. 그것의 드넓은 지리는 상상을 사로잡으며, 그것은 [그것을 노래하는] 운율을 오래 기다리진 않을 것이다."[4]

내가 이 선언문을 강조하는 까닭은, 도래할 새 시대에 대한 그 믿음이 (그린버그가 아방가르드를 역설적으로 정당화하면서 [문을] 닫으려는 듯한) '모더니티' 시대의 개막으로서 반향을 일으키기 때문만은 아니다. 그린버그가, 아메리카 세계의 산문 속에서 새로운 시의 미래를 본 에머슨과 달리, 이 아메리카의 산문에서 급진적 분리 말고는 예술의 다른 미래를 보지 못했다는 사실만 중요한 건 아니다. 중요한 것은 모더니즘 기획을 떠받치는 시간의 구축과 관련된다.

이 시간의 구축에서 첫 번째 요점은 현재 내부에서 이루어지는 분할이다. 한편으로, 에머슨은 현재에서, 현재의 바로 그 '야만' 내지 혼돈 속에서 새로운 시적 영감을 찾아야만 한다고 주장한다. 현재에 주어진 이 특권은 시간성의 한 형태에 주어진 특권이다. 현재는 공존의 시간이다. 시는 아메리카의 현재를 이루는 다수의 이질발생적 현상에서 영감을 얻어야 한다. 시인의 과제는 그 모든 현상을 관통하는 공통의 실을 뽑아내는 것, 다양한 현상을 통과하는 삶의 잠재성을 표현하는 것이다. 구식 아리스토텔레스 모델은 시를 스토리 구축으로 만들어버렸다. 여기서 스토리 구축이란 사건의 잇달음을 인과 연쇄의 플롯 아래 포섭시키는 방식을 뜻한다. 시는 이제 구식 아리스토텔레스 모델과 대립하는 공존의 시간성, '민주적' 시간성을 바탕으로 성장해야 한다. 시는 이 공존에 그것의 정신적 표현을 부여해야 한다. 바로 이것이 현재의 특권이 관계하는 바이다.[5] 하지만 동시에 이 현재는 분할된다. 어떤 의미에서 현재는 자신에 대해 현재하지 않는다. 시간은 아직 '시의적절한 인간'을 만들어내지 않았다고 에머슨은 말한다. 이 말은 단지 시간이 아직 새로움을 표현하는 시를 만들어낼 지점에 다다르지 못했다는 뜻이 아니다. 더 급진적인 방식으로, 그 말은 근대의 시간이 저 자신과 동시대적이지 않다는 뜻이다.[6] '비동시대성'이라는 쟁점은 모더니즘을 정의하는 데 매우 중요하다. '예술의 종언'에 관한 헤겔의 진단은 모더니티가 완수됐다고 하는 동시대성의 단언에 바탕을 둔다. 인민의 집단적 삶은 이제 경제, 입헌 정부, 행정부 같은 제도적 형태 속에 적절히 구현됐다. 역사의 진보를 추동해온 정신은 과학 속에서 자신을 의식하게 됐다. 조각된 돌, 그림의 표면, 시의 운율 같은 외적 물질성 속에 구현된 정신의 표현이던 예술이 그 실체적 내용을 상실하고 형식적 기교가 되는 경향을 보이는 이유가 여기에 있다. 예술이나 모더니타냐, 이것이 헤겔의 딜레마이다. 이 진단을 논박하려면 진단의 배경이 되는 시간성의 세팅을 거부해야 한다. 우리는 '이후의 시간the time after'[7] 그러니까 예술이 그것[예술]의 내용을 상실해버린 알렉산드리아적 시간 속에 있지 않다고 에머슨은 말한다. 반대로 우리는 '아직' 모던하지 '않다.' 그러나 이 '아직 아님not yet'은 그 자신이 분할된다. 한편으로, 이는 신대륙의 산문이 아직 제 표현을 찾지 못했다는 뜻이다. 우리는 이 새로운 현상들을 여전히 직접적 사용 가치와 추상적 교환 가치가 맺는 경제적이고 이기적인 관계 속에 갇힌 세속적 사물·상황·캐릭터로 보고 있다. 바로 그 사물·상황·캐릭터에 집단적 삶의 형태의 상징이라는 다른 가치를 부여해야 한다.

'모던' 문제는 공동체의 새로운 의미, 감각의 새로운 직조를 구축하는 데 있다. 새로운 감각 직조 속에서 세속적 활동은 공통 세계를 구성할 때 거치는 시적 차원을 획득한다. 하지만 그것은 물질적 이해관계의 산문과 신세계의 정신적 의미 사이 일치를 만들어낼 대문자 시간Time을 기다리는 문제가 아니다. 새로운 시인은 시간을 예견하고, 시간이 아직 완수하지 못한 표현을 그 시간에 부여한다. 이 과제가 가능하다면, 그것은 시인이 알렉산드리아 시대에 있기는커녕 호메로스 시대의 벽두에 그러니까 정치경제와 행정의 합리성이 물질적 이해관계와 세속적 활동의 혼돈을 아직 훈육하지 못하는 시간 속에서 살기 때문이다. 우리는 공동체의 새로운 직조를 예견할 수 있게 해주는 실을 모더니티의 바로 그 '지체lateness'에서 찾아야 한다. 우리는 미래의 조화, 새로운 삶의 거친 박동을 현재의 시끄러운 부조화에서 찾아야 한다. 당시에는 그 용어[아방가르드]가 존재하지 않았지만, 도래하는 시인의 과제에 관한 에머슨의 정식화는 예술적 '아방가르드'가 무엇을 뜻할 수 있을지에 관한 최상의 관점을 우리에게 제공한다고 생각한다. 아방가르드는 군대의 선봉에 서는 첨병이 아니다. 그것은 승리를 구가하는 상품 문화 군대에 저항하는 최후의 부대도 아니다. 아방가르드는 근대modern times가 자기 자신에 대해 갖는 차이에 위치한다.[8]

내가 이 진단을 역설하는 까닭은, 그것이 에머슨보다 아방가르드 이념에 더 쉬이 연관되는 사상가인 카를 마르크스가 같은 시기에 내놓은 진단과 매우 가깝기 때문이다. 1843년 텍스트에서 마르크스는 모더니티를 사유와 그것의 세계가 일치하는 시간으로 정의하는 헤겔의 테제를 논박했다.[9] 독일의 현재는 완벽한 부조화를 증언하며, 독일의 철학은 동시대 독일의 봉건적·관료적 빈곤과 아무 상관 없는 인간 해방론을 이미 세공했다고 마르크스는 말했다. 바로 이 같은 이유로 독일은 여태껏 들어보지 못한 혁명을, 정치적이기만 한 혁명의 단계를 건너뛰는 인간 혁명을 완수할 수 있었다. 하지만 이렇게 하기 위한 조건이 하나 있었다. 세계를 능동적으로 변혁하는 에너지—프랑스 혁명 투사들이 발휘할 수는 있었으나 시대의 수준과 그들의 행위 수준에 걸맞게 이론적으로 정식화해내진 못한 에너지—를 흡수해야 했던 것이다. 현재의 바로 그 지체에서 추출한 예견의 힘을 사용하여 새로운 미래를 구축하기, 그것이 마르크스와 에머슨에 공통된 시간 플롯 구성이다. 마르크스의 분석에는 예술의 자리가 없다. 하지만, 마르크스주의 예술가는, 에머슨의 분석이 예견의 역할을 예견한 것처럼, 프랑스의 정치 행위와 독일의 학문에 대한 마르크스적 조합이 요구했던 동시에 거부한 역할을 소비에트 혁명 시기에 자신들의 실천에 할당하게 되는 것으로 드러난다.

　　지가 베르토프Dziga Vertov가 연출한 ‹카메라를 든 사나이Человек с киноаппаратом›의 짧은 시퀀스를 보면서 이 모더니티들의 갈등에 관해 설명하고 싶다.[10] 1928년 개봉된 이 필름[11]은 당시 소비에트 아방가르드 예술가들이 (그들의 견해차에도 불구하고) 두루 공유한 기획의 일환이다. 예술과 삶의 분리를 깨트리려는 기획, 예술에 정통한 이들이나 부르주아 탐미가의 유희를 위한 예술 작품을 만드는 게 아니라 새로운 집단적 삶의 형태를 창조하는 데 예술이라는 수단을 사용하려는 기획.

‹카메라를 든 사나이›는 혁명적 필름이다. 하지만 혁명적 필름은 혁명에 관한 필름이 아니다. 그것은 혁명이라고 불리는 사회적 사건을 재현하는 데 바쳐지는, 영화라고 불리는 예술에 속하는 예술 작품이 아니다. 그것은 공산주의(정치 체제가 아니라 공통의 감각 경험의 새로운 직조)를 구성하는 모든 활동의 일환으로서의 활동이다. 그 때문에 이 필름에는 스토리도 없고 캐릭터도 없으며 화면에서 무슨 일이 일어나는지 이야기하는 대사도 없다. 그것은 아침의 기상에서부터 공장, 상점, 대중교통 등에서 이루어지는 노동 활동을 거쳐 저녁의 여가까지 근대 도시의 일상적 현재를 이루는 활동들의 순수 접속이다.

이 시간적 구조는 픽션과 다큐멘터리의 대립을 통해 사고되어서는 안 된다. 도시에서의 하루 이야기는 근대 소설 자체를 상징하는 '허구적 형식'이기도 하다. 당시 그 허구적 형식을 범례적으로 실행한 문학 작품이 둘 있다. 하나는 제임스 조이스James Joyce의 『율리시스Ulysses』[1922]이고, 다른 하나는 울프의 『댈러웨이 부인Mrs Dalloway』[1925]이다. 하루 이야기가 허구적 형식인 까닭은 '하루'가 시간의 공간이어서가 아니라 시간성의 한 패턴이기 때문이다. 이 패턴에서 순간의 잇달음이란 오로지 다른 시간성(동시에 일어나는 다수 사건의 시간성)을 펼치고, 허구적 캐릭터의 개성을 무명

의 삶의 환경 안에 용해시키는 수단이다. '하루 이야기'
는 울프 자신이 몇 해 전 「근대 소설」에서 공포했던 허
구의 혁명을 수행한다. 그 글에서 울프는 플롯 구조의
'압제'를 규탄하고, 차례차례 일어나는 사실의 경험적
잇달음보다 플롯의 합리적이고 인과적인 연결을 우위
에 놓는 아리스토텔레스적 특권을 뒤집어엎는다. 경험
의 진리는 차례차례 떨어지는 원자의 소나기이지만, 또
한 많은 다른 진리 곁에 있는 하나의 진리라고 울프는
주장한다.[12] 베르토프의 필름은 다큐멘터리 필름이 아
니다. 그것은 근대 소설의 원리—공존의 현장으로서의
잇달음을 플롯의 인과 연쇄에 대립시키기—를 따르는
허구적 작품이다.

하지만, 동시에 그 필름은 저 자신이 예술 작품이
아니라 손과 눈의 활동이라고 주장한다. 그 활동은 하
루의 시간을 차지하기만 하는 게 아니라 공산주의 활동
의 현실을 구성하기도 하는 다수의 활동을 실로 엮는다
는 점에 그 특정성이 있다. 그래서 필름 내내 카메라는
다른 기계 가운데 하나의 기계로서 비춰지며, 카메라맨
과 편집자는 조립 라인의 노동자, 탄광의 광부, 작업장
의 출납원, 타자수 부서의 타자수, 전화국의 교환원 등
이 하는 것과 정확히 똑같은 몸짓을 수행하는 걸로 비
춰진다. 그 모든 활동이 매우 빠른 리듬으로 갈마드는
매우 짧은 시퀀스들로 잘린다. 그러므로 시간을 다루는

모더니티 재고

많은 미래주의 기획에서처럼 그 필름에서 기계, 스피드, 자동, 테일러주의 등과 같은 새로운 '근대적' 우상들에 대한 순진한 집착을 보기란 너무 손쉬운 일이다. 그런 모더니즘적 순진함이라는 견해는 공산주의 교향곡을 구성하는 활동들의 선별—아니 오히려 선별의 부재—에 의해 곧 의문에 붙여진다. 극단적으로 파편화된 몽타주는 당시 소련에서 칭송받던 테일러주의적 분업 分任을 상기시킬 수도 있다. 하지만 몽타주를 통해 이루어진 것은 정반대라는 사실이 곧 밝혀진다. 베르토프의 몽타주는 하나의 과제를 여러 보충 작업으로 쪼개지 않는다. 오히려 베르토프의 몽타주는 그것들이 모두 능동적인 손으로 수행된다는 사실 말고는 공통점이 전무한 다수의 상이한 과제를 한데 묶는다. 몽타주를 통해 절합된 행위 중에서, 우리는 미용실에서 이루어지는 손톱 손질이나 길거리 구두닦이의 몸짓에 더하여 윤전기, 조립 라인 위의 담배 포장, 수력발전소의 세찬 물줄기를 본다. 여기서 기계의 가속화된 리듬은 테일러식으로 분업화된 노동이나 산업의 영광을 찬양하려는 것이 아니다. 소비에트 산업이나 소비에트 노동을 찬양하려는 것도 아니다. 찬양받는 것은 공산주의 자체 즉 신세계의 위대한 평등주의 교향곡 속에서 이루어지는 모든 운동의 등가이다. 모든 활동을 등가의 운동 단위로 단편화하는 것은 연속적인 동질적 현재의 범람을 초래한다.

여기서 몽타주는 에머슨이 '도래하는 시인'에게 할당한 역할—그 역할을 처음 맡은 작가는 소비에트 신세계에서 훨씬 영향력이 컸던 월트 휘트먼Walt Whitman[1819~1892]이다—을 맡는다. 몽타주는 그 모든 활동을 접속하는 정신적 실을 짠다. 몽타주는 그 활동이 고귀한가 저속한가, 근대적인가 의고적인가, 부르주아적인가 프롤레타리아적인가에 구애받지 않고 그렇게 한다. 알다시피, 미용실에서 이루어지는 손톱 손질이나 길거리 구두닦이의 활동을 새로운 공산주의 사회의 예시로 간주하기는 어려워 보인다. 하지만 여기서 우리는 에머슨이 '야만적' 시대에 관해 했던 말을 기억해야 한다. 공산주의의 정신적 실은 상충되는 시간들과 상충되는 세계들의 바로 그 혼돈에서 추출된다는 것. 베르토프는 ‹지구의 1/6Шестая часть мира›[1926]에서 이 원리를 훨씬 더 급진적으로 실행한다. 베르토프는 소련 [중앙]아시아 국가들에 나타난 새로운 공산주의적 삶의 현실을 다음의 이미지들로 보여준다. 낙타나 순록을 타고 스텝이나 툰드라를 가로지르는 대상隊商들, 그물을 끌어올리는 칼미크 어부들, 활시위를 당기는 시베리아 사냥꾼들, 염소의 두개골로 폴로 게임을 하거나 더운 김이 모락모락 피어나는 피에 손을 담그고 사슴 고기를 날것으로 먹는 유목민들, 기도하려고 절하는 무슬림들 등등. 공산주의적인 것은 활동의 본성에 달려 있지 않다. 몽타주의 리듬은 그 활동들을 한데 모을뿐더러 그러한 활동을 특징짓는 시간들의 차이로부터 공통성을 창조한다.

이 전체의 운동은 ‹카메라를 든 사나이› 말미에 등장하는 매우 특정한 측면을 떠맡는다. 거기서 온갖 운동이 만들어내는 교향곡은 얼마 안 되는 상징에 응축된다. 그것은 베르토프의 필름에서 하나의 전략적 순간이다. 그 순간 모든 활동의 종합이 하루 동안 그 활동들을 수행한 자들에게 영화관에서 제시된다. 관객은 자신의 일상 활동이 '공산주의적' 활동으로서, 새로운 공통 세계 건설로서 다시 무대에 오르는 광경을 바라본다. 사실 이 시퀀스들은 제한된 수의 스펙터클을 통해 공산주의 활동을 응축해서 보여주는바, 그 스펙터클들은 하루에 대한 추억을 우리에게 제공하는 게 아니라 하루의 전체 운동을 종합하고 상징화한다. 그중에서 무용 장면은 고도로 상징적인 역할을 부여받는다. 그것은 이중의 역할을 한다. [한편으로] 그것은 공장에서 돌아가는 물레와 여성 노동자의 미소[의 중첩된 이미지]에 전형적으로 나타나는 집단적 에너지의 상징이다. [다른 한편으로] 그것은 모든 회전 운동을 접속하는 영화적 몽타주 작업의 상징이다. 이제 질문은 다음과 같다. 이 특권을 어떻게 이해할 것인가? 무용과 영화의 연접 속에서 찬양되는 것은 새로운 예술만이 아니라 예술의 새로운 패러다임, '도래하는 시인'의 과제—새 시대에 그것의 정신적 표현을 제공하고 새로운 공동체에 그것의 공통의 숨을 불어넣는 예술의 과제—를 지금 수행하는 새로운 운동 예술의 패러다임이라고 나는 가정한다. 더는 예술 작품이 아니라 새로운 공산주의적 삶을 그 삶 자체에 제시하는 예술 작업 안에서 무용이 그 자리에 도착하는 까닭은 20~30년 동안 무용(혹은 무용에 대한 어떤 견해)이 새로운 예술의 패러다임 즉 예술과 삶을 새로이 연접하는 패러다임이 됐기 때문이다. 하지만 예술적 모더니즘과 새로운 삶의 역동성을 잇는 이 연접에 대해 단순한 관점을 취해선 안 된다. 세 발레리나의 공연은 당시 소련에서 대단히 인기를 누린 무용-기계들과 아무 상관이 없다. 발레리나들의 무용은 집단적 신체의 활력을 표현하는 게 아니다. 그것은 그저 운동을 표현할 뿐이다. 발레리나들의 자유로운 운동과 기계들의 자동운동을 한데 묶는 것, 예술의 퍼포먼스와 작업의 퍼포먼스를 한데 묶는 것, 소비에트 발전소의 전력 생산과 영화관 스크린에 투사되는 빛을 한데 묶는 것, 그것이 무엇인지 알고 싶다면 우리는 우회하여 마르크스주의 혁명과 아무 상관 없어 보이는 프랑스 시인 스테판 말라르메Stéphane Mallarmé에게 질문을 던져야 한다.

1893년에 말라르메는 에머슨과 그린버그의 동포인 로이 풀러Loïe Fuller가 파리에서 선보인 쇼를 관람했다. 말라르메는 풀러가 드레스의 크레이프[주름]를 펼

치는 회전 운동으로써 그 형식을 전시한 '복원된 미학'
의 원리를 정식화하려 시도했다. 그는 세 짝, 세 대립
즉 시간을 엮는 세 범례적 형식을 가지고 그 원리를 정
식화했다. 첫째, 회전 이미지는 "예술적 도취"인 동시
에 "산업적 성취"이다. 둘째, 그것은 아메리카에서 왔
지만 희랍적이다. 셋째, 그것은 전적으로 모던한 한에
서 고전적이다.[13] 마지막 정식화에서부터 출발해보자.
그것은 전적으로 모던한 한에서 고전적이다. 풀러의 무
용이 아무 스토리도 이야기하지 않거니와 관객에 의해
캐릭터에게 귀속돼야 하는 감정을 아무것도 표현하지
않는 한에서, 그 회전 이미지는 모던하다. 그 공연은 사
실적인 장식을 모조리 걷어낸 무대 위에서 이루어진다.
풀러의 무용은 드레스의 크레이프로 증폭된 회전 운동
의 전개일 뿐이다. 그것은 단지 운동의 확장을 통한 환
경의 창조이다. 그런 의미에서 이 모던한 퍼포먼스는
진정한 고전주의 개념을 상징한다. '고전주의'는 형식
과 내용의 비구분을 뜻한다. 풀러의 무용은, 말라르메
가 보듯, 모든 상징 공동체를 등지고서 저 자신 매체의
잠재성만 탐사하려는 예술적 실천의 퍼포먼스가 아니
다. 반대로 그것은 공통적인 것을 상징하는 새로운 형
식을 창조하려는 시도이다. 뮤직홀 무대 위에서 풀러
는 자연현상을 공통의 감각 세계로 변형하는 나타남과
사라짐의 운동을 상징하는 운동을 공연한다. 그런 의미

에서 그녀의 퍼포먼스는 자연과 문화를 나누는 근대적 간극에 교량을 놓는다. 그것은 '감상sentimental' 문학[14]의 모던한 상황에서 사라진 듯 보였던 통일성을 회복한다. 그런 의미에서 아메리카 무용수가 선보인 예술은 '희랍적'이다. 형식과 내용의 통일성은 또한 개인의 예술적 퍼포먼스와 집단적 삶의 형태 사이 일치, 요한 요아힘 빙켈만Johann Joachim Winckelmann과 헤겔 이래 희랍 고전기 조각이 상징했던 일치를 뜻한다. 하지만 이 새로운 희랍은 아메리카적인 것이다. 그것은 신세계의 야생 에너지에서 제 원천을 발견한다. 이 에너지는 여태껏 들어보지 못한 고전주의 형식을 창조한다. "예술적 도취"와 "산업적 성취" 사이 연합이 그것이다.[15] 말라르메의 문장은 풀러의 쇼에서 기술이 맡은 특정한 역할을 참조한다. 그녀의 드레스에 조명을 비추고 회전 운동에 강렬한 불 내지 색색 무지개를 만들어내는 스포트라이트.[16] 이 스포트라이트는 예술가의 퍼포먼스를 환히 밝히는 기술 수단으로서 거기 있는 게 아니다. 스포트라이트는 퍼포먼스 자체의 일부이다. 무대 측면이나 아래 스포트라이트를 세팅함으로써 퍼포먼스의 방사성 운동을 확장하는 것이다. 스포트라이트는 예술과 산업 사이 '모던한' 연합, 또한 정신과 물질, 빛과 운동 사이 모던한 연합을 확정 짓는다.

예술과 산업 사이 연합, 빛의 예술과 운동의 예술

사이 연합이 소비에트 영화감독의 작업을 떠받친다. 하지만 이 연합은 무용 운동에 종별적 특징이 있음을 시사한다. 무용은 자유로운 운동 즉 그 자체 말고는 다른 목적을 갖지 않는 운동이다. 다른 아메리카 무용수 이사도라 던컨Isadora Duncan이 이 측면을 강조한 바 있다. 베르토프가 무용, 산업, 공산주의를 서로 연관 지은 사실을 이해하는 데 던컨을 거론하는 게 적절한 까닭은 그녀가 일찍이 소비에트 혁명에 공감을 표한 때문이 아니라 자유로운 운동을 개념화한 때문이다.[17] 자유로운 운동이란 예술가가 자유로이 결정하는 운동이 아니다. 그것은 선택과 의지의 대상이 아니라 보편적 삶의 리듬—시작된 적도 없고 끝나 정지도 없는 삶의 리듬—에 가까운 운동이다. 자유로운 운동은 연속 운동, 줄기차게 다른 운동을 발생시키는 운동이다.[18] 이 연속성은 운동과 정지의 대립을 기각한다. 잘 알다시피, 던컨은 희랍의 도기에 그려진 형상들이 보여주는 부동의 운동에 입각해 자유로운 운동에 관한 자신의 시각을 형성했다. 그녀의 견해를 소박함의 한 형태로 즉 아래로부터 솟구치는 디오뉘소스적 광란의 힘을 망각하는 '아폴론적' 무용관으로 해석해버리기란 손쉬운 일이다. 던컨의 견해는 아메리카의 모더니티와 희랍의 고전주의를 화해시킴으로써 새로운 공동체의 현재에 이바지하는 그녀만의 방식이었다고 답할 수 있을 것이다. 희랍의 도기에 그려진 부동의 운동 형상에 입각해 재창안되는 모던 무용은 아폴론적인 형식적 예술과 디오뉘소스적인 무의식적 힘의 표현을 나누는 니체적 대립을 기각한다.[19] 형식 자체, 끊임없이 물결치는 선의 고요함이 보편적 삶의 대홍수를 표현한다. 광란의 자유로운 운동은, 아폴론과 디오뉘소스 사이 싸움을 넘어서, 미적 상태에 관한 프리드리히 실러Friedrich Schiller의 정의로 거슬러 올라간다. 실러는 미적 상태를 능동성과 수동성이 평형을 이룸으로써 감각적 경험의 정상적 좌표를 파괴하는 상태로 정의한다.[20] 이 평형 상태에 대한 실러의 생각은 빙켈만이 ‹벨베데레의 토르소Belvedere Torso›를 묘사할 때 제시한 모델을 따른다. 활동하지 않는 헤라클레스의 토르소에서, 자신이 지난날 수행한 위업의 영광을 음미하는 영웅의 생각은 오직 근육의 굴곡에 표현되어 있다. 근육은 끊임없이 솟아올랐다가 다시 떨어지는 바다의 파도처럼 물결친다.[21] 그 파도는 무용의 상징이 될 수 있었다. 왜냐하면 그것은 운동과 정지, 활동과 비활동의 등가를 나타내는 상징이기 때문이다.

또한 파도가 어떻게 새로운 공산주의적 삶의 상징이 될 수 있었는지 이해하려면 과거로 한층 더 거슬러 올라가야 한다. 파도의 부동의 운동 내지 미적인 자유로운 유희에서 능동성과 수동성의 평등은 아리스토텔레스가 『정치학』 제8권에서 제시한 유명한 구분과 관련해 사고돼야 한다.[22] 아리스토텔레스는 두 형태의 '비활동'을 대립시킨다. 그것은 두 형태의 시간성을 정의하는 것이기도 하다. 먼저 휴식이 있다. 휴식은 일에 바쳐진 신체가 새로운 긴장에 앞서 필요로 하는 중지이자 이완이다. 그다음 여가가 있다. 여가는 노동의 구속에 예속되지 않는 자들이 갖는 자유 시간이다. 이제 이 비행위의 위계가 행위의 위계와 궤를 같이한다는 사실을 기억해야 한다. 여가를 즐길 수 있는 자는 '능동적 인간' 혹은 '자유로운 인간'이고, 매일매일 하는 일의 구속에 복종하지 않는다. 그들이 '능동적'이라고 불리는 까닭은 그들이 자신 앞에 행위의 목적을 투사하거나 오로지 행위 하는 즐거움을 위해서 행위 할 수 있기 때문이다. 수동적 인간이 수동적이라고 불리는 까닭은 그들이 직접적 필요를 충족시키는 활동밖에 못하는 운명이기 때문이다. 그래서 그들은 '기계적' 인간으로 불리기도 한다. 수단의 세계, 필연의 세계에 얽매인 인간.

　　파도의 자유로운 운동은 시간과 운동에 관한 위계—그것은 인류를 두 계급(자유로운 인간과 기계적 인간)으로 분할한다—를 기각하는 모습을 전형적으로 보여준다. "예술적 도취"와 "산업적 성취"를 잇는 빛과 운동의 예술이 상징화해서 보여주는 것이 바로 이 기각이다. 그도 그럴 것이 그 예술은 감각적인 것의 전적인 재배분redistribution을 전형적으로 보여주기 때문이다. 시간의 위계의 재배분을 통해 모더니티와 모더니티 사이 화해가 가능해진다. 아방가르드 예술은 새로운 평등주의적 감각중추—그 안에서 모든 활동은 평등해지고 동일한 전반적 운동의 일환이 된다—의 틀을 짤 수 있을 때 이 과업을 완수할 수 있다. 문제는 이 평등에 한 가지 조건이 있다는 사실이다. 자유로운 운동은 그 자신의 성취 말고는 어떠한 목적에도 종속되지 않는 운동이다. 그만큼, 자유로운 운동은 내가 앞서 언급한 청년 마르크스의 텍스트에 표현됐던 공산주의의 이념을 완수한다. 공산주의는 노동—인간 존재의 유적generic 활동을 가리키는 표현—이 더는 생계를 꾸려야 하는 단순한 필요에 종속되지 않는 상태이다. 간단히 말해, 공산주의는 행위의 수단과 목적이 하나의 동일한 현실이 되기 때문에 '기계적 인간'이 자유로운 인간이 되는 삶의 형태이다.[23] 발레리나들의 운동, 공장의 물레, 조립 라인 노동자와 전화국 교환원의 몸짓은 동일한 공통의 운동 안에서 접속됨으로써 그런 종류의 공산주의를 증언한다. 하지만 그 운동들이 그럴 수 있으려면 조건이 있다. 각각의 행위가 저 자신의 시간성에서 그리고 저 자신이 추구하던 목적에서 분리[탈접속]돼야 한다는 것. 베르토프를 폄하하는 자들은 이미 그의 초기 필름들에 대해 이렇게 주장했었다. 베르토프의 기계들은 인상적인 운동 교향곡을 구성하지만 그 기계들이 어떻게 작동하고 무엇을 생산하는지 아무도 몰랐다고.

이것이 요점이다. 베르토프는 공산주의를 과업의 계획된 조직과 위계의 결과로 '재현'하지 않는다. 그는 공산주의를 모든 활동의 공통된 리듬으로서 창조한다. 이제 이 공통의 리듬은 그 모든 퍼포먼스가 동일한 성격(비자발성unwillingness)을 공유함을 전제한다. 물론 이 조건은 공산당이 공산주의를 건설할 때 필요로 하는 전략적 요건들과 상충한다. 공산당의 관점에서, 목적과 수단의 공산주의적 동일성은 그 가능성의 조건들을 먼저 수립하고 나서 미래에 도달할 목적이다. 공장의 기계, 노동자의 몸짓, 극장의 퍼포먼스는 자유로운 운동의 등가적 실연demonstrations이 아니다. 그것들은 각기 나름의 방식으로 미래를 위한 가능성의 조건을 세울 수 있게끔 돕는 도구들이다. 사람들은 거기서 예술적 자유와 정치적 구속 사이 태곳적부터 내려오는 갈등을 손쉽게 보아왔다. 나는 그 갈등을 두 공산주의 —또한 공산주의의 시간성을 구축하는 두 방식— 사이 갈등으로 사고하는 게 더 효과적이라고 생각한다. 국가 주도 아방가르드State avant-garde의 관점에서, 공산주의는 예견될 수도 없고, 그것의 물적 토대가 놓이기 전에는 존재할 수도 없다. 미적 공산주의의 관점에서, 공산주의는 공통의 감각중추를 구축하는 과정에서 자신을 예견하지 않는다면 존재할 수 없다. 이는 모더니티에 관한 프랑스-독일 패러다임과 아메리카-희랍 패러다임 사이 갈등, 모더니티를 특징짓는 시간의 갈등에 관한 두 개념화를 맞세우는 갈등으로 요약할 수 있을지 모른다.

알다시피 싸움은 해결됐다. '현실' 공산주의 건설자는 예술가더러 새로운 공동체의 감각적 형식들을 짜겠다고 나서지 말라고 윽박질렀다. 거기에는 오직 하나의 시간성만 있을 것이다. 목적과 수단의 시간성. 또한 노동과 휴식의 시간성. 소비에트 예술가들이 해야 했던 것은 현실 인민의 노고와 문제를 재현함으로써 그리고 고생하며 노동한 인민에게 여흥을 제공함으로써 당의 전략에 복무하기였다. 이는 예술가들이 재현 체제의 오래된 논리로 되돌아가야 했다는 뜻이다. 역사적 모더니즘 기획에 대한 이 같은 억압은 그린버그의 시대에 새로운 '모더니즘'이 회고적으로 발명될 수 있는 길을 깔아줬다. 그린버그의 표준적 분석에서 인상적인 것은 그 분석이 공산주의들의 융합이자 시간들의 융합을 말끔히 지워버린다는 사실이다. 그린버그의 분석에서 남는 것은 자본주의 사회의 유일한 일방향적 시간성이다. 그 시간성은 아방가르드를 공통의 신념과 상징에서 분리해내는 동시에 키치 문화를 촉발한다. 그린버그의 관점에서, 사회주의 리얼리즘의 스탈린 문화는 예술적 공산주의 기획을 억압하는 것에 바탕을 두지 않는다. 스탈린 문화는 키치 문화의 러시아식 버전일 뿐이다. 모더니티들의 갈등을 기각하기는 또한 모더니즘 기획의 핵심에 있던 시간의 재배분을 무시하는 처사다. 그린버그는 일단 두 모더니티 사이 갈등, 두 공산주의 사이 갈등을 단순히 키치 문화의 침입으로 축소함으로써 키치 문화를 산업화의 끔찍한 결과에서 생겨난 문화로 규정할 수 있게 한다. 산업 도시에 보내진 농부의 자녀들은 공장 노동의 엄격한 시간표와 더불어 비어 있는 시간의 존재를 발견했다. 비어 있는 시간이란 줄곧 자유로운 인간만 누릴 수 있는 특권이었던 여가 시간이다. 마찬가지로 그들은 미지의 능력 즉 "따분해 할 수 있는 새로운 능력"을 발견했고, 그리하여 "그들이 소비하기 알맞은 종류의 문화를 제공하도록 사회에 압력을 가했다."[24] 이 요구를 키치 문화가 충족시켜주었으며, 그 키치 문화가 이제 예술 자체를 위협한다는 것이다.

그와 같은 분석은 결국 플라톤의 진술의 복권으로 이어진다. 일은 기다려주지 않기에 장인들은 자기 작업장에 머물러야 하고 신성이 그들에게 부여한 적합한 소질에 맞는 직무를 수행해야 한다는 것. 문화의 재앙은 장인의 자녀들이 스스로는 가질 수 없는 여가를 가질 때 발생한다고 그린버그는 시사한다. 아이러니하게도, 후대에 모더니즘과 아방가르드라고 불리는 것의 기본 관념이 바로 그런 것일지 모른다.

주

Clement Greenberg, "Avant-Garde and Kitsch," *Partisan Review*(Vol. 6, No. 5, 1939), pp. 34~49. "Avant-Garde and Kitsch," *Art and Culture: Critical Essays*(Boston: Beacon Press, 1961, 1989), pp. 3~21 에 재수록. 클레멘트 그린버그, 조주연 옮김, 「아방가르드와 키치」, 『예술과 문화』(경성대학교 출판부, 2004), 13~33쪽.

C. Greenberg, "Avant-Garde and Kitsch," *Art and Culture*, pp. 3~4. 클레멘트 그린버그, 「아방가르드와 키치」, 14쪽.

헤겔이 제출한 '예술의 종언 테제'로 일컬어지는 대목은 다음과 같다. Georg Wilhelm Friedrich Hegel, *Vorlesungen über die Ästhetik I*(Frankfurt am Main: Suhrkamp, 1986), pp. 25, 142. 게오르그 빌헬름 프리드리히 헤겔, 두행숙 옮김, 『헤겔의 미학 강의 1: 예술미의 이념 또는 이상』(은행나무, 2010), 46, 198쪽. "이런 모든 점에서 예술은 그 최고 규정의 측면에서 볼 때 우리에게 이미 지나간 과거의 것이며 과거적인 것으로 머물러 있다. 이로써 예술은 우리에게 그 참된 진리와 생동성을 상실했으며, 현실 속에서 그 과거의 필연성을 주장하고 그 최고지위를 지키기보다는 오히려 우리의 표상Vorstellung 속으로 옮겨와 버렸다."(46쪽) "사람들은 아마도 예술이 점점 더 고차적이 되고 완성되기를 바라겠지만, 예술의 형식은 정신의 최고 욕구가 되기를 멈추었다. 우리가 고대 그리스 여러 신들의 형상을 바라보면서 아무리 훌륭하다고 생각하고, 하나님, 그리스도, 마리아 상이 아무리 숭고하게 완성되어 표현되어 있다고 보더라도, 이는 우리에게 더 이상 아무런 도움이 되지 못하고 우리는 그 앞에서 무릎을 꿇지는 않는다."(198쪽)

4 Ralph Waldo Emerson, "The Poet," in Joseph Slater, Alfred R. Ferguson, Jean Ferguson Carr(eds.), *The Collected Works of Ralph Waldo Emerson*, Vol. 3, Essays, Second Series(Cambridge: Harvard University Press, 1983), pp. 21~22. 「시인」은 에머슨이 1841년 12월과 1842년 1월에 했던 '시대'라는 제목의 강연을 손질한 글이다. 이 텍스트에 대한 분석은 J. Rancière, *Aisthesis: Scène du régime esthétique de l'art*(Paris: Galilée, 2011), IV "Le poète du monde nouveau: Boston, 1841-New York, 1855" 참조.

5 "시적 패러다임의 변화: 현재 시간의 시는 어떤 시간관 즉 중요한 사건과 과거에서 물려받은 리듬에 따라 규범화된 시간관과 단절한다. 현재 시간의 시는 자신의 소

재를 역사적 잇달음에서 구하지 않고 지리적 동시성에서, 한 영토의 다양한 장소에 분포된 다수의 활동에서 구한다. 현재 시간의 시는 자신의 형식을 전통에서 물려받은 규칙적 운율에서 구하지 않고 이 활동들을 묶는 공통의 맥박에서 구한다." J. Rancière, "Le poète du monde nouveau: Boston, 1841-New York, 1855," *Aisthesis*, p. 81.

"헤겔의 평결을 반박한다는 것은 그 평결이 근대 세계에 대해 제안한 관념—사유가 마침내 자신의 세계를 의식하는 동시대적인 것이 된 시간에 대한 관념—에 이의를 신청하는 것이다. 우리 세계는 자신의 사유에 동시대적이지 않다. 이것이 바로 결집한 대중이나 고독한 시인에게 필연적 혁명의 과제를 맡기고 싶어 한 자들이 내리는 반대 평결이다. 모더니티라는 단어에 의미를 부여하고자 하는 자라면 다음의 사실을 고려해야 한다. (예술적 혹은 정치적) 모더니즘은 노동, 전기, 콘크리트, 속도의 위대함을 더없이 행복해하며 긍정하는 것이 아니다. 그것은 우선 모더니티에 대한 반-긍정이다. 그것은 동시대 세계가 자신의 사유를 갖는다는 것을 부정하며 동시대 사유가 자신의 세계를 갖는다는 것을 부정한다." J. Rancière, "Le poète du monde nouveau: Boston, 1841-New York, 1855," *Aisthesis*, p. 87.

본문의 the time after는 le temps d'après의 번역어이다.

랑시에르는 헝가리 영화감독 벨라 타르를 다룬 책 제목
(『벨라 타르, 이후의 시간』)에 이 개념을 붙인 바 있다. J.
Rancière, *Béla Tarr, le temps d'après*(Paris: Capricci,
2011). 랑시에르는 〈가을Őszi almanach〉(1984)부터 〈토리노
의 말A Torinói ló〉(2011)에 이르는 벨라 타르의 필름들이
공산주의 약속이 파산한 이후의 시간을 추적했다고 본
다. 하지만 거기서 공산주의 "이후의 시간은 더는 아무
것도 믿지 않는 자들의 균일하고 침울한 시간이 아니다.
그것은 삶이 믿음을 지탱하는 시간만큼 그 믿음이 가능
되는 순수 물질적 사건들의 시간이다."(pp. 15~16) "이
후의 시간은 되찾은 이성의 시간도 아니요 예고되던 재
난의 시간도 아니다. 그것은 이야기들 이후의 시간으로
서, 사람들이 [이야기들의 성공이나 실패보다는] 감각
적 옷감—그 안에서 그 이야기들은 계획한 목적과 완수
한 목적 사이에 지름길을 마름질한다—에 직접 관심을
기울이는 시간이다."(pp. 69~70) 하지만 이 책 본문에
쓰인 '이후의 시간'에 위와 같은 개념적 함의가 들어 있
지는 않은 것 같다. 그것은 '아직 아님'의 반대말로 쓰
였을 뿐이다.

8   이 표현은 랑시에르의 '시대착오anachronie', '반시대성
intempestivité', '비동시대성non-contemporanéité' 등의 개념
과 연결된다. "사회과학의 기원에 있는 유령은 시대착
오로서의 혁명이다. 고대의 의상을 입고 고대의 언술로

이루어진 혁명 말이다. 혁명은 사건과 혼란을 [그것을] 말하는 존재에게 고유한 시대착오 즉 시간이 시간 자체에 대해 갖는 차이différence temporelle à soi-même에 기인하는 것으로 만든다." J. Rancière, *Les noms de l'histoire: Essai de poétique du savoir*(Paris: Éditions du Seuil, 1992), p. 66. 안준범 옮김, 『역사의 이름들: 지식의 시학에 관한 에세이』(울력, 2011), 60쪽. 물론 여기서 혁명은 (벤야민이 말했듯) "마치 유행이 예전의 의상을 인용하는 것과 똑같이 고대 로마를 인용했던" 프랑스 혁명을 가리킨다. 당대의 사회 발전에 어울리지 않는(과거를 다시 한 번 반복하거나 아직 오지 않은 미래를 당겨오는) 말, 언설, 이념의 중첩, 달리 말해 두 시간의 중첩을 통해 발생하는 이후의 혁명들에서도 사정은 마찬가지이다. 『역사의 이름들』에서는 이 혁명(말들의 비-고유성과 사건들의 시대착오)을 고발하면서 수립되는 근대 사회과학의 시간성을 검토하고 있다. 반대로 랑시에르는 "어떤 말을 그것이 지칭하는 바에 적합하도록 해주는 고유성들의 목록을 고정시키는 것의 불가능성"을 비동시대성이라고 지칭한다. *Les noms de l'histoire*, p. 76. 『역사의 이름들』, 69쪽 참조.

칼 마르크스, 강유원 옮김, 「헤겔 법철학 비판 서문」, 『헤겔 법철학 비판』(이론과실천, 2011), 7~30쪽 참조.

베르토프의 〈카메라를 든 사나이〉에 관한 랑시에르

의 분석으로는, J. Rancière, "Hitchcock-Vertov et retour," *Les écarts du cinéma*(Paris: La Fabrique éditions, 2011), pp. 35~46 참조.

11 ‹카메라를 든 사나이›는 1929년 1월 8일에 개봉했다. 랑시에르가 개봉일을 착각한 듯하다. 뒤에서 랑시에르는 에이젠슈테인의 ‹총노선›(1929)이 ‹카메라를 든 사나이›보다 1년 뒤에 만들어졌다고 말하면서 이 착각을 되풀이한다.

12 "그것이 버지니아 울프가 플롯의 논리, 러브 스토리, 사회적 성공 등의 논리를 의문에 붙인 논쟁적 텍스트[『근대 소설』]에서 쟁점이다. 그 논리는 한 순간이 어떻게 다른 순간으로 이어지고, 질서 잡힌 총체성 안에서 연결되어야 하는지를 규정한다. 울프는 '잇달음'에 대한 외견상 진부하고 무해한 관념을 타깃으로 삼는다. 바로 그 지점에서 사건들의 수평적 접속은 감각적인 것의 위계적 나눔 전체와 연결되는 것이다. 감각적인 것의 위계적 나눔의 원리는 다음 세 단어로 요약할 수 있다. '모두는 누군가를 따른다.' 그녀의 말마따나 이 원리는 요크의 대주교가 대법관을 따르고 대법관이 캔터베리의 대주교를 따르는 공식 의례 프로토콜에서 차용한 것이 분명하다. 소설[허구]에 관한 낡은 위계 체제를 분쇄하는 것은 두 주요한 변형을 수반한다. 첫째, 행복과 불행의 사건들, 사회적이거나 감상적인 목적의 추

구는 아무 목표도 없는 감각적 미시-사건의 무리로 대체된다. 둘째, 미시-사건들을 연관 짓는 양식은 더는 잇달음이 아니라 공존과 상호침투이다. 소설[허구]이 '근대적'이려면 다시 말해 그것이 사회적 위계 규칙에 종속되지 않으려면, 여느 평범한 사람의 일상생활에서 관찰될 수 있는 것에 충실해야 한다. '그 마음은 무수한 인상을 받아들인다—하찮은 것, 놀라운 것, 덧없는 것 또는 강철의 날카로움으로 새긴 것. 모든 방향에서 인상들은 수없는 원자의 끊임없는 소나기로 내린다.' 이는 단순히 일상을 장기長期에 대립시키는 문제가 아니다. 일상은 그 안에서 시간 경험의 진리—원자 공존의 진리, ('동시에' 일어나 아무 위계 없이 서로에게 침투하는, 그래서 더는 아리스토텔레스식으로 일어날 <u>수도 있는 것으로</u>가 아니라 <u>일어나는 그대로</u> 소설가가 기록하고 옮겨 적어야 하는 예측 불가능한 아라베스크 무늬를 그리는) 다수의 미시-사건—가 출현함에 틀림없는 허구적 틀이다." J. Rancière, "Fictions of Time," in Grace Hellyer, Julian Murphet(eds.), *Rancière and Literature*(Edinburgh: Edinburgh University Press, 2016), p. 35.

말라르메는 풀러의 공연을 보고 나서 «내셔널 옵서버»(1893년 5월 13일 자)에 「발레 예술과 로이 풀러에 관한 고찰」을 게재했고, 나중에 이 텍스트를 여기저기 수정한 뒤「무용의 다른 연구. 발레의 핵심들」
이라는 제목을 붙여 『횡설수설』(1897)에 수록했다.
Stéphane Mallarmé, "Considérations sur l'art du
ballet et la Loïe Fuller," *The National Observer*, 13
mai 1893, in *Œuvres complètes*, t. II(Paris: Gallimard,
coll. «Bibliothèque de la Pléiade», 2003), pp. 312~
314; "Autre étude de danse: Les fonds dans le ballet,"
Divagations(Paris: Bibliothèque-Charpentier;
Eugène Fasquelle, 1897), pp. 179~182, in *Œuvres
complètes*, t. II, pp. 174~176. 말라르메는 첫 평문에
'여성적 도취une ivresse féminine'라고 썼다가 수정본에서
"예술적 도취une ivresse d'art"라고 고쳤다. "예술적 도취
는 다만 하나의 신체가 자신이 출현하는 공간을 스스
로 생산한다는 점에 있다. [...] 자신의 조작을 통해 무
에서 끌어낸 공간을 설립하는 이 신체의 행위. [...] (어
떤 이야기가 일어나고 어떤 감정을 느끼는) 인물의 외
양을 흉내 내는 것이 아니라 나타남을 흉내 내기, 그
것이 예술적 도취이다. 도취란 의지와 그 의지의 실
현, 예술가와 작품, 작품과 작품이 만들어지는 공간 사
이 간극을 제거하는 것이다." J. Racière, "La danse de
lumière(Paris, Folies-Bergère, 1893)," *Aisthesis*, pp.
124~125 참조.

14   본문의 sentimental poetry는 독일어 sentimentalische

Dichtung의 번역어로서, 프리드리히 실러가 쓴 시론 「소박 문학과 감상 문학에 관하여Über naive und sentimentalische Dichtung」(1795~1796)에서 유래한 것이다. 소박한naive 것은 자연과 일치되어 있기에 자연스럽고 인위적이지 않은 것을 가리키고, 감상적인sentimentalische 것은 자연과 분리되어 있기에 성찰적이고 주관적이며 근대적인 것을 가리킨다. 실러는 이 구분을 문예 유형에 적용함으로써 소박 시인-소박 문학과 감상 시인-감상 문학을 나눈다. 전자에는 고전기 희랍 시인들뿐 아니라 셰익스피어·괴테가 속하고, 후자에는 실러 당대의 근대 작가들이 속한다. 감상 문학에서 작가는 자연과의 '통일성'을 잃은 채 자신의 감정, 사유, 이상에 매달려 성찰적 작품을 쓴다.

"예술적 도취와 산업적 성취. 전자는 후자 없이 작동할 수 없다. 로이 풀러는 자기의 예술가이다. 자기 신체를 형식 발명 수단으로 삼는 예술가인 것이다. 하지만 그녀는 그와 뗄 수 없게 발명가이기도 하다. 그녀가 하는 공연 외에도, 이렇게 발명한 형식을 연장·증폭·확대하는 발명품들, 예컨대 철사로 만든 드레스 뼈대, 무대 하부 조명, 거울 장치를 특허 등록 하는 발명가인 것이다. 예술적 도취, 그것은 순수한 인위에 의해 재창조되는 자연—밤에서 형식으로의 이행, 형식에서 밤으로의 회귀—이다. 인위의 도구, 그것은 전깃불이다. 더 정확

히 말하면, 그것은 능동적 조명, 채색 투광기의 창조적
미광이다. 그러한 조명은 그것에 외적인 예술 퍼포먼스
를 돋보이게 하는 데 그치는 전통 조명과 반조된다." J.
Racière, "La danse de lumière(Paris, Folies-Bergère,
1893)," *Aisthesis*, p. 134.

16 "대부분 솔로 작품인 그녀의 작품 중 가장 인기를 얻
은 ‹불의 춤Fire Dance›(1895)에서 풀러는 무대 아래서 조
명을 비추는 기술을 처음으로 사용했다. 이 아이디어는
그녀가 1889년 파리 만국박람회에서 본 빛을 내는 분
수 '빨간 탑'의 아이디어를 처음으로 무대 공연화한 것
이다. 이 작품은 이제까지 무대 앞에서 조명을 쏘는 것
에서 나아가 무대 바닥에 두꺼운 유리판을 깔고 그 아
래에서 강력한 빛을 비춰[쏘아] 옷자락에 불이 붙은 것
같은 인상을 만들어냈다. 춤이 전개되면서 점차 불길이
일어나 그녀를 집어삼키고 화산 폭발의 중심처럼 타오
르는 듯하다가 마지막에는 무대에 타다 남은 불씨 같
은 것만 남기고 완전히 사라진다. 그리고 마침내 하늘
을 날아오르는 듯한 실크 조각을 비추는 조명으로 끝난
다." 김말복, 「로이 풀러의 아르누보적 상징」, 김말복·이
지원·이지선·나일화 지음, 『현대 무용 사상: 표현과 해체』
(이화여자대학교출판문화원, 2016), 19쪽.

17 던컨은 1903년 『미래의 춤』을 영어와 독일어로 발표
한다. 던컨은 "자연과 끊임없이 접촉하는 자유", "야

생인의 무의식적 벌거벗음이 아니라 성숙한 인간—
그의 신체는 그의 정신적 존재의 조화로운 표현이 될
것이다—의 의식적이고 인지된 벌거벗음으로 돌아갈
것"을 주장한다. 그리고 차라투스트라적 어조로 강의
를 끝맺는다. "오, 그녀가 오고 있노라, 미래의 무용수
가. 새로운 여성들의 신체에 거하게 될 자유로운 정신
이. 이제껏 존재해온 어느 여성보다 더 우아하며, 이집
트인, 희랍인, 초기 이탈리아인, 지난 세기의 그 어떤
여성보다 더 눈부시게 아름다운 그녀가. 가장 자유로
운 신체에 깃든 최고의 지성이!" Isadora Duncan, *Der
Tanz der Zukunft(The Dance of the Future): Eine
Vorlesung*(Leipzig: Eugen Diedrichs, 1903), pp. 12~
13, 26.

"모든 운동은 정지 상태에 있을 때조차 풍요의 성질
을 지니거니와 다른 운동을 발생시키는 힘을 소유하고
있다." Isadora Duncan, *The Art of the Dance*(New
York: Theatre Arts Books), 1928, p. 90.

던컨은 『무용 예술』에 재수록한 편지에서 다음처럼 썼
다. "두 방식으로 춤을 출 수 있다. 자신을 춤의 정신에
내던지고서, 사물 자체를 춤 출 수 있다: 디오뉘소스.
아니면 춤의 정신을 관조하고, 이야기를 들려주는 사람
으로서 춤 출 수 있다: 아폴론." Isadora Duncan, *The
Art of the Dance*, p. 140. 이 구절에서 던컨은 얼핏 아

폴론과 뒤오뉘소스를 이항 대립 관계로 놓는 듯 보인다. 하지만 던컨은 이렇게 말하기도 했다. "바커스 춤에서 가장 공통된 형상 중 하나는 고개를 뒤로 젖히는 것이다. 사람들은 이 동작을 보고서 [자신들의] 온 몸을 사로잡는 바커스적 광기를 즉시 느끼게 된다. 이 몸짓 아래 깔린 모티프는 모든 자연 안에 있다. 바커스적 운동을 하는 동물은 고개를 뒤로 젖힌다. 그것은 보편적인 디오뉘소스적 운동이다. 대양의 파도는 폭풍 속에서 이 선을 형성하며, 나무들은 폭풍우 속에서 [이 선을 형성한다]." 같은 책, p. 91. 이 보편적인 디오뉘소스적 운동, 특히 파도와의 유비야말로 랑시에르가 주목하는 지점이다.

20 실러는 『인간의 미적 교육에 관한 편지』 중 스물세 번째 편지와 스물네 번째 편지에서 미적 상태에 관해 설명한다. 특히 다음 구절 참조. "감각의 수동적인 상태에서 사유와 의지의 능동적인 상태로 이행하는 일은 반드시 미적 자유라고 하는 중간 상태를 통해 이루어져야 합니다. 비록 이 상태가 그 자체로는 우리의 통찰이나 신념을 위해 아무것도 결정하지 않고, 우리의 지적이고 도덕적인 가치를 전적으로 미결정 상태에 버려둘지라도, 이 상태는 우리가 통찰력과 신념에 도달할 수 있는 유일한 필연적인 조건입니다. 한마디로 말해, 감각적 인간을 이성적 인간으로 만들기 위해서는 우선 그를

먼저 미적으로 만들어야만 합니다." 프리드리히 실러, 윤선구·이경희·조경식·하선규·한진이 옮기고 씀, 『프리드리히 실러의 미적 교육론』(대화문화아카데미, 2015), 191쪽. 미적 상태란 감각충동과 형식충동, 감각성과 논리적·도덕적 필연성, 물리적 상태와 논리적·도덕적 상태, 감각과 사유의 중간 상태로서, 양측의 모든 규정에서 자유로워진 상태를 가리킨다. 이 미적 상태는 능동적 오성과 수동적 감성의 대립을 '중지'하는 것이다. 랑시에르에게 "실러의 미적 상태는, 미학적 체제의 처음이자 어떤 의미에서는 극복할 수 없는 선언으로서, 대립되는 것들의 근본적 동일성을 잘 나타낸다. 미적 상태는 순수 중단, 형식이 그 자체로 체험되는 순간이다. 그것은 특정한 인류가 형성되는 순간이다." J. Rancière, *Le partage du sensible*, p. 33. 『감성의 분할』, 31쪽.

Johann Joachim Winckelmann, "Beschreibung des Torso im Belvedere zu Rom," *Bibliothek der schönen Wissenschaften und der freien Künste*(1759). *Kleine Schriften, Vorreden, Entwürfe*(Berlin: De Gruyter, 2002), pp. 169~173에 재수록(특히 pp. 171~172). 자크 랑시에르, 『해방된 관객』, 171쪽도 참조.

아리스토텔레스, 『정치학』, 제8권, 제3장 참조.

"사회적 혁명을 미적 혁명에 정박시켜야 한다는 마르크스의 사상은 그가 공산주의의 이념을 조금 발전시켜

다룬 유일한 텍스트인 『1844년 경제학-철학 수고』의 세 번째 초고에 명확히 나온다. 공산주의는 거기서 인간 감각의 인간화로 정의된다. 공산주의란 모든 이에게 인간 감각의 실행이 그 실행 자체의 목적인 상태, 그 실행이 사적 소유에서 기인하는 조야한 욕구에 더는 복종하지 않는 상태이다. 공산주의에 대한 마르크스의 정의가, 루트비히 포이어바흐를 직접 참조하는 것은 말할 것도 없고, 칸트와 실러에 의해 정식화된 이론적 혁명에 얼마나 기대고 있는지 알 수 있다. 칸트는 미적 판단에서 감각적 경험의 파악 방식을 봤다. [칸트에 따르면] 모두는 권리상 감각적 경험에 참여하는데, 이는 감각적 경험이 감각 형식을 목적에 쓸모 있으면서 소유자에게 귀속되는 사물로 만드는 것과 무관하기 때문이다. 실러는 인간이 [감각적 경험에 대한] 능력을 공유하고 있다는 칸트의 주장을 더는 제도와 법을 통해서가 아니라 감각적 경험을 통해 구상된 평등 원리로 만들었다. 나는 청년 마르크스가 정치 혁명과 맞세운 '인간' 혁명이 인간의 미적 교육이라는 실러의 핵심 이념을 차용한 것이며, 감각적 자유와 평등을 분업의 폐지뿐 아니라 활동의 목적과 그 활동의 수단을 가르는 분리 자체의 폐지와 연결한 것이라는 사실을 여러 차례 환기한 바 있다. 혁명은 지각된 그리고 감각적인 세계와 관련된다. 혁명은 매일의 제스처 그리고 존재가 매일 서로 관계 맺는 방식과 관련된다. 혁명은 이 제스처 그리고 이 관계에 외적 쓸모가 아니라 그것들 자체의 목적이 있음을 내포한다. 이것이 공산주의와 혁명에 대한 마르크스 사상의 미학적 핵심이다." Jacques Rancière, *En quel temps vivons-nous?*(Paris: La Fabrique éditions, 2017), pp. 44~45.

Clement Greenberg, "Avant-Garde and Kitsch," *Art and Culture*, p. 10. 「아방가르드와 키치」, 20~21쪽. "아도르노-그린버그의 계기[순간] 즉 미적 공동체의 역사 전체를, (약간 베르토프식으로) 운동과 시선의 감각적 연결로서의 공동체를 구축하려는 의지 전체를 청산하려는 계기. 또한 노동자 해방 내지 광의의 민주주의를 살찌운 조야한 미학적 전유 형태 일체를 청산하려는 계기. 클레멘트 그린버그의 계기가 무엇이었는지, «파르티잔 리뷰»에 게재된 그 유명한 텍스트를 떠올려보면, 그것은 빈자들이 문화를 원했기 때문에 모든 파국이 빈자들에게서 온다고 말하는 하나의 방식이다. [「아방가르드와 키치」를 말하는 건가?] 그렇다. 「아방가르드와 키치」를 말한다. 그 텍스트는 예술의 파국(그에 연결된 전체주의적 파국도 암시하면서)이란 빈자들을 위한 문화가 창조됐다는 사실, 그리고 빈자들이 미적 경험을 전유함으로써 고급문화가 조금씩 오염되고 타락했다는 사실을 가리키는 것이라고 선전한다. 이 이중

청산의 아주 강력한 계기가 존재한다. 아도르노의 경우는 더 복잡하지만, 「아방가르드와 키치」는 빈자들이 나타나는 바람에 되는 일이 하나도 없다고 말하면서 20세기 말 전체를 낱낱이 제시한 대대적인 최초의 선언이었다. 그 텍스트는 예술 혁명을, 그리고 예술 혁명이 정치·사회 혁명과 다소 명확하거나 불명료하게 맺은 관계를 재해석하는 것이다. 어쨌든 이 텍스트가 기반이다." J. Rancière, *La méthode de l'égalité*(Montrouge: Bayard Éditions, 2012), p. 139.

M
of

t

e

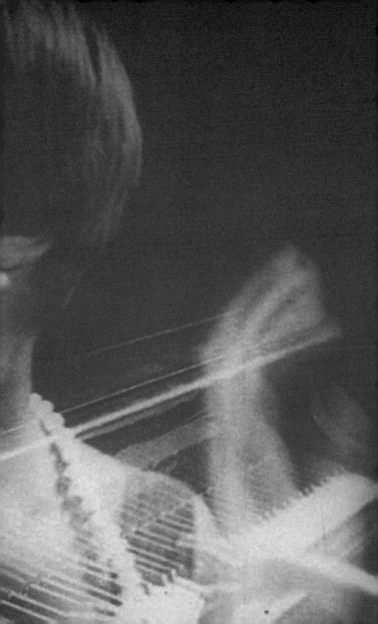

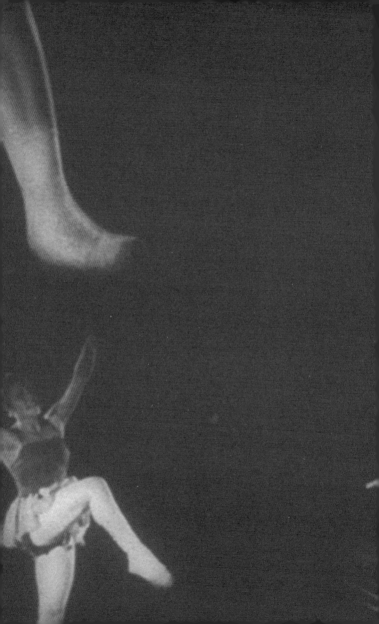

T

Mo

of D

무용의 순간

'이론'에서 무용이 차지하는 자리에 관한 쟁점을 혹은 '이론'과 무용의 관계를 어느 각도에서 다룰 것인지 명시해야겠다. 내게 무용을 논할 별다른 능력[권한]은 없다. 하나의 예술 형식으로서의 무용 이론을 제시할 생각은 없다. 무용하는 신체dancing body의 존재론을 제공할 생각도 없다. 『두운법Allitérations』에서 장-뤽 낭시Jean-Luc Nancy는 무용을 근원적 분리의 표현으로 보는 무용 존재론을 제시했다.[1] 또 한 명의 동시대 철학자 알랭 바디우Alain Badiou는 무용을 사유의 은유로 보는 시각을 제시했다. 무용은 사유의 사건을 그 사건이 이름을 가지기 전에 보여주는 신체의 근원적 능력의 표현이라는 것이다.[2] 현상학적 방식으로, 낭시는 우리에게 무용하는 신체의 근원적 운동과 사유의 근원적 운동을 동시에 지각하라고 청한다. 공리적 방식으로, 바디우는 말라르메를 따라 무용의 '공리'를 명확히 설명한다. 두 경우 모두에서 철학자는 물리적 방식으로 또는 상상적 방식으로 무용하는 신체 '앞에' 자신을 위치시키고는 이 신체가 움직이기 시작하는 순간 무슨 일이 '벌어지는지' 우리에게 이야기하러 나선다. 그러나 내게 무용의 운동 그리고 이 운동에 관한 사유의 '시작'은 언제나 나중에 온다. 무용하는 신체는 무용의 기원에 대한 그런 연출mise-en-scène이 세팅될 수 있는 어떤 가시성의 형태, 어떤 사유의 지평에 이미 자리 잡았음에 틀림없다. 위와 같은 철학적 진술이 가능한 까닭은 어느 역사적 순간에 무용이 예술의 패러다임이 됐기 때문이다. 그러한 -되기는 두 주요 관계를 수반한다. 예술의 패러다임이 된다는 것의 첫 번째 의미는 다음과 같다. 예술인 것과 예술 아닌 것 사이 관계의 패러다임이 된다는 것. 이를 테면 미술관에 걸린 그림과 쇼윈도에 진열된 상품 사이 관계 혹은 무대 위 신체의 운동과 작업장이나 거리에서 신체가 시연하는 몸짓 사이 관계. 두 번째 의미는 다음과 같다. 사유와 사유 아닌 어떤 것 —그림의 빛, 멜로디의 전개, 공간 속 신체의 운동— 사이 관계의 패러다임이 된다는 것. '이론가'가 자신을 한 편의 예술 작품 앞에 두고 그 예술의 이론을 제안할 수 있으려면, 사유, 공간, 시야, 빛, 운동, 신체 등등이 맺는 관계들의 모종의 세팅이 이미 존재해야 한다. 그러한 배경 설정은 내가 감각적인 것의 나눔이라고 부르는 것을 구성한다. 예술이라 불리는 것은 이러한 나눔 안에 존재하는 어떤 특정 매듭들이다. 그 매듭들은 역사적 짜임들이다. 경험 영역의 특정한 짜임으로서 예술은 18세기 이래 서구 세계에 존재해왔다. 무용에 대해 말하자면, 우리는 무용이 예술 영역에 포함되는 예술 목록에 추가됐던 역사적 순간만이 아니라 그것이 예술의 새로운 패러다임—사유와 그것의 바깥, 예술과 비-예술의 관계에 관한 새로운 패러다임—을 구현했던 역사적 순간을 가리켜 보일 수 있다. '무용의 순간moment of dance'이라는 게 있다. 이 용어는 비단 무용이 고급 예술의 품격과 예술의 새로운 패러다임이라는 지위를 부여받은 1890년대에서 1930년대에 걸친 시간의 공간만을 가리키지 않는다. 그 단어의 어원[라틴어 *momentum*]을 참조하자면, moment는 시간의 마디만이 아니라 저울 위에 놓인 추의 균형(또는 불균형)이 만들어내는 운동 또한 가리킨다.[3] 내식으로 말하자면, 어떤 감각적인 것의 재배분인 것이다. 신체들의 행동과 이 행동이 지각되고 다른 행동 방식과 접속됨으로써 공통 세계를 구성하는 방식이 맺는 관계들의 재배분. 이 재배분의 순간 그리고 이 순간에 무용이 차지하는 자리가 이 시론의 주제가 될 것이다.

쟁점에 접근하기 위해, 내 나름의 '모더니티' 해석을 구축할 때 참조한 필름인 베르토프의 ‹카메라를 든 사나이›의 짧은 시퀀스에서 출발할 것을 제안한다. 그것은 무용에 관한 필름이 아니라 새로운 사회적 삶의 공통 감각중추 구축이 목적인 필름이다. 그런고로 우리는 이 필름을 통해 단지 하나의 예술로서가 아니라 신세계의 운동 전체를 상징할 수 있는 운동 퍼포먼스로서 무용이 맡은 역할을 이해할 수 있다.

요점은 무용이 베르토프의 필름에서 아주 특정한 순간에 등장한다는 것이다. 무용은 필름 말미에 그러니

까 그 필름이 시작했던 영화관으로 필름이 돌아온 순간
에 나온다. 그 사이에 필름은 아침의 기상에서 공장 노
동자, 상점 주인, 버스 운전사, 소방관 등의 활동을 거
쳐 저녁 여가에 이르기까지 근대 도시 속 일상생활의
현재를 이루는 다양한 활동을 따라갔다. 몽타주를 통해
위 활동들이 상호 접속됨으로써 전반적 운동이 구축됐
다. 우리는 이제 위 모든 활동의 종합이 하루 동안 그
활동들을 수행한 사람들에게 제시되는 순간에 있다. 모
든 활동의 접속은 한정된 수의 퍼포먼스에 응축되는데,
이들 퍼포먼스는 하루의 추억이 아니라 동일한 전반적
운동 속에 모든 활동이 융해됨을 보여주는 상징이다.
하지만 상징들은 대부분 하루에 이미 족적을 남긴 활동
들에서 따온 것이다. 예를 들자면 전화국 교환원의 몸
짓이나 거리를 가로지르는 버스들의 운동 같은 것 말이
다. 하지만 화면에 등장하는 세 여성 무용수는 그렇지
않다. 그들의 퍼포먼스는 하루의 일부였던 활동의 추억
이 아니다. 심지어 저녁에 즐기는 여흥의 일부도 아니
다. 그들의 무용은 하루의 연대기에 속하는 게 아니라
오로지 필름 자체에 속한다. 의미심장하게도 무용수들
은 다른 이미지들에 오버랩 되면서 춤을 춘다. 이 순간
무용수들은 그 활동들이 하루 동안 구성한 전반적 운
동 그리고 공장의 물레, 공장 노동자의 미소, 전화국 교
환원의 손놀림, 전차나 버스의 운동, 카메라맨이 탄 오

무용의 순간   131

토바이의 스피드, 카메라 크랭크를 돌리는 카메라맨 손의 스피드에서 작동하는 공통의 에너지를 종합하고 상징하게 된다. 이 운동 공동체는 해당 필름을 광고하려고 스텐베르크Stenberg 형제가 디자인한 두 장의 포스터 속에 종합되기도 한다.[4] 여성 무용수의 황홀경에 빠진 운동은 삶의 운동—그것은 기계의 운동이기도 하다—과 동일한 것으로 비춰진다. 무용은 어떤 새로운 혁명적 삶의 이념에 정확히 맞춰진 어떤 예술적 모더니티 이념을 상징하는 예술로 보인다.

정확히 무슨 이념인가라고 우리가 묻게 되면 문제가 발생한다. 공동체의 운동을 표현하는 운동 공동체는 플라톤의 『법률』까지 거슬러 올라가는 '운동의 정치' 패러다임의 리바이벌로 보일 수도 있다. 그것은 전 시민이 자신의 움직이는 신체를 갖고 참여하는 합창가무 공동체 패러다임이다. 이 패러다임은 시민들이 재현의 스펙터클을 수동적으로 구경하는 연극에 대립된다. 이 재현의 스펙터클—여기서는 거짓말을 뜻한다—에서 배우들은 자기가 몸소 느끼지 않는 감정을 표현하는데, 왜냐하면 그 감정은 시인이 허구적 캐릭터에 부여한 가짜 감정이기 때문이다. 무용은 능동적 공동체의 예술이자, 분리, 수동성, 스펙터클의 거짓말을 모르는 삶의 직접적 현시인 것이다. 장-자크 루소Jean-Jacques Rousseau는 『달랑베르에게 보내는 연극에 관한 편지Lettre à d'Alembert sur les spectacles』[1758]에서 공동체가 형제간의 유대를 실제적으로 누리는 '코레이아[합창가무, choreia]' 모델을 여전히 내세우면서 연극의 그림자에 맞섰다.[5] 이는 옛 스파르타 모델을 리바이벌하는 것으로서 같은 시기에 안무가 장-조르주 노베르Jean-Georges Noverre가 주장한 혁명과 공명했다. 노베르는『무용과 발레에 관한 편지』[1760][6]에서 귀족 예술인 발레에서 통용되는 기법들의 기계적 본성을 규탄했다. 무용이 참된 예술이 되려면 플로어 위에서 우아한 형상을 그려내는 다리 기교를 버리고, 스토리를 이야기하고 (실생활과 모든 사회적 상황에서 일어나는 것들과 유사한) 캐릭터의 상황과 감정을 표현하는 흉내와 몸짓의 언어를 세공해야 한다는 것이다. 그런 식으로 극행동dramatic action의 양식화된 예술과 발레의 '기계적' 예술은 기각될 뿐 아니라 공연하는 신체performing body가 청중에게 보편적 운동 언어로 '말하는' 독특한 예술로 대체될 수 있었다.

알다시피, 표현을 통한 언어와 운동 사이 동일시는 근대 퍼포먼스 역사 전체에서 그리고 새로운 예술과 새로운 삶의 형태 사이 일치를 수립하려는 모든 시도에서 영향력이 컸던 것으로 판명됐다. 대사 없는 필름, 새로운 공산주의적 삶의 일환인 모든 운동의 에너지를 응축하고 운동의 언어로만 쓰인 '영화 실험cinematographic experiment'을 표방한 필름에서 무용의 상징에 주어진 자리를 이런 식으로 해석하는 것도 충분히 유의미할 수 있다. 같은 시기 독일에서 무용 개혁 제안과 가장 강하게 연관된 단어는 바로 '표현Ausdruck'이었다. 하지만 베르토프의 필름은 새로운 삶의 운동을 표현하는 예술의 이념과 무용을 그런 식으로 접속하지 않는다. 옛 플라톤 패러다임이든 드니 디드로Denis Diderot와 노베르가 살던 시대에 주창된 근대적 연극·발레 개혁이든 할 것 없이 양자 모두 미메시스의 '거짓말'에 표현적 운동의 진실을 대립시켰다. 두 경우 모두에서 운동의 진실은 언어—영혼의 감정에 그에 적합한 어휘를 제공하는 신체의 직접적 언어—로서의 운동이 표현하는 진실이었다. 그럼으로써 연극적 미메시스는 초-미메시스hyper-mimesis의 형태로 대체됐다. 대신 베르토프[의 필름]에서 무용수의 운동은 전적으로 비-미메시스적a-mimetic이다. 그 운동은 스토리를 이야기하지 않는다. 하지만 아무 스토리도 이야기하지 않는 것으론 충분치 않다. 요점은 이야기를 전혀 하지 않기, 사람의 신체를 이용해 뭔가를 '이야기하려고' 하지 않기이다. 이 무용은 인간 감정의 어떤 내적 진실도 표현하지 않는다. 신체에 거하는 무의식적 힘을 표현하지도 않는다. 그것은 그저 운동을 표현한다. 운동으로서 운동. 다시 말해, 정해진 목표를 완수하는 수단도 아니고, 확실한 느낌, 감정 내지 운동의 원인으로서 운동 배후에 놓인 무의식적 힘의 표현도 아닌 운동의 한 형태. 세 발레리나가 [베르토프의] 필름 속에서 공연하는 것은 당시 소련에서 대단히 유행했으며 마거릿 버크-화이트Margaret Bourke-White가 찍은 유명한 사진 덕에 불후의 명성을 얻게 된 것들과 같은 그런 기계 무용이 아니다. 그것은 마리 비그만Mary Wigman의 무용에서처럼 신체들을 쌓아올려 한 덩어리를 만듦으로써 새로운 공산주의적 삶을 표현하는 '표현적' 무용도 아니다. 세 발레리나가 공연하는 것은 자유로운 운동, 운동 그 자체 외에는 어떤 것에도 종속되지 않는 운동이다.

이것이 무용에 그것[무용]의 전략적 자리를 부여하는 것이다. 무용은 비단 새로운 예술─스토리의 서사적 고리와 팬터마임의 모방적 언어에서 모두 해방된 자율적 운동의 예술─인 것만이 아니다. 하나의 예술은 언제나 그것[예술]이 개개의 예술 이상이라는 사실, 그것이 또한 예술의 패러다임 내지 알레고리라는 사실로부터 자신의 중요성을 도출해낸다. 혁명적 예술 실험을 표방하는 필름에서 무용이 이 자리에 나타나는 까닭은, 20~30년 동안 무용이 새로운 예술, 자유로운 예술의 알레고리가 됐기 때문이다. 이제 모든 물음은 이 '자유'가 정확히 무엇을 뜻하는지, 자유가 저 자신을 어떻게 보여주는지 이해하는 데 있다. 이를 위해 베르토프의 무용수가 펼치는 연속 동작의 배경을 설정했을 뿐 아니라 새로운 예술의 자유로서, 그리고 아마도 새로운 사회적 삶의 자유로서 이 무용의 '자유'를 구현했던 두 주요 형상으로 돌아가볼 만하다고 생각한다.

첫 번째 형상을 제공한 것은 자유로운 운동에 관한 던컨의 생각과 실천이다. 자유로운 운동은 예술가가 자신을 표현하고 제 퍼포먼스의 몸짓들을 자유롭게 조합하는 운동을 가리키지 않는다. 운동은 오로지 외력에 의해 결정되지 않는다는 사실 때문에 자유로운 게 아니다. 운동은 그것이 어떠한 힘(심지어 의도적 결정의 힘조차)에 의해서도 결정되지 않을 때 자유롭다. 운동은 그것이 저 자신의 동력일 때 자유롭다. 자유로운 운동은 시작된 적도 없고 끝이나 정지도 없는 보편적 삶의 리듬과 가까운 운동이다. 그것은 줄기차게 다른 운동을 발생시키는 연속 운동이다. 이 연속 운동은 운동과 정지의 바로 그 대립을 기각한다. 나는 연속 운동이 어떻게 아폴론적 가상과 아래로부터 솟구치는 디오뉘소스적 힘을 나누는 니체적 대립을 기각했는지 앞서 설명했다. 베르토프의 광란의 무용수는 던컨 자신처럼 아폴론적 마이너스[7] 같은 어떤 것이다. 새로운 아름다움의 에너지, 신세계의 아름다움의 에너지는 해안에 치는 파도의 연속적이고 규칙적인 운동에 의해 이미 주어진다. 파도는 조용히 물결치는 선과 광란의 보편적 삶 사이 동일성을 구현한다. 이 동일성이 예술의 미학적 체제의 중핵에 있다. 그 동일성은 미적 상태를 활동과 비활동의 평형 상태로 본 실러의 정의에서 그 이론적 표현을 부여받았다. 하지만 실러의 개념화 역시도 ‹벨베데레의 토르소›에 관한 빙켈만의 역설적 묘사에서 이미 작동하던 자유로운 운동의 이념 덕분에 가능했다. 빙켈만은 활동하지 않는 헤라클레스를 묘사했다. 그 헤라클레스는 행위에 필요한 사지가 없으며, 자신이 지난날 수행한 위업을 명상하는 영웅이다. 헤라클레스에겐 머리도 없기에 그 명상은 오로지 줄기차게 솟아올랐다가 다시 떨어지는 바다의 파도와 같은 방식으로 잇따라 밀려드는 근육의 물결로 표현될 뿐이다. 그 파도는 단순히 삶의 보편적 힘을 나타내는 은유가 아니다. 파도는 사유가 사유 바깥 즉 운동과 정지, 활동과 비활동의 등가 속에 현존하는 것을 예술로 보는 이념의 패러다임이다.

무용의 순간은 무용이 어떤 예술관—예술이란 사유가 그 사유 바깥에 현존하는 것이라고 보는 관념—을 상징할 수 있는 순간이다. 무용의 순간은 이 현존을 상징하는 활동과 비활동의 동일성이 그것의 정치적 의미를 드러내 보이는 순간이기도 하다. 이 등가에서 쟁점이 되는 것은 감각적인 것의 나눔 전반에서 일어나는 혼란이다. 자유로운 운동은 단순히 삶의 보편적 홍수가 아니다. 그것은 두 종류의 인간 존재를 분리하는 차이를 폐지하는 운동이다. 한쪽에는 '능동적 인간'이 있다. 그들은 자신 앞에 행위의 목적을 투사하거나 오로지 행위 하는 즐거움을 위해 행위 하거나 나아가 여가의 순수한 비활동을 즐길 수도 있다. 다른 쪽에는 '수동적 인간' 혹은 '기계적 인간'이 있다. 그들은 노동을 하도록 운명 지어져 있고, 그들의 활동은 오직 직접적 목적의 직접적 수단이며, 그들이 소유하는 유일한 비활동 형태는 신체가 새로운 긴장에 앞서 필요로 하는 중지이자 이완이다. 무용은 그것이 예술의 새로운 패러다임을 제공하는 만큼 새로운 예술이다. 새 패러다임은 예술을 감각적인 것의 전적인 재배분과 동일시한다. 이 재배분 속에서 신체·운동·시간성의 전통적 위계는 파괴됐던 것이다. 파도는 인류를 두 계급으로 분할한 위계적 시간·운동의 기각을 전형적으로 보여준다. 그러기에 태곳적부터 이어져온 파도의 자연적 운동은 산업의 신세계에 그러니까 전기의 세계에, 물질세계를 움직이는 비물질 에너지의 세계에 어울릴 수 있는 것이다. 자유로운 운동은 자유로운 인간과 기계적 인간을 나누는 구분의 폐지를 상징한다. 왜냐하면 그것은 목적과 수단이 더는 분리되지 않는 운동이기 때문이다. 이 비구분이 예술의 미학적 체제의 핵심에 있다. 그 비구분의 가장 유명한 정식은 칸트가 미에 관해 제시한 세 번째 정의에서 발견된다. "미는, 합목적성이 목적의 표상을 떠나서 어떤 대상에 있어서 지각되는 한에 있어서의, 그 대상의 합목적성의 형식이다."[8] 이 비구분은 단순한 정치 혁명을 넘어서는 '인간 혁명'에 관한 독창적인 마르크스적 정식화의 핵심에 있다. 인간 혁명은 노동자들이 노동—인간 존재의 본질적이고 유적인 활동—을 그들 생존의 재생산을 위한 단순한 수단으로 사용케 하는 소외를 폐지한다. 무용은 대표적인 '미학적' 예술이다. 미학적 예술이기에 무용은 그 안에서 모든 활동이 동일한 전반적 운동의 일환으로서 평등해지는 공산주의 교향곡을 종합할 수 있는 것이다.

그러나 요점은 비단 새로운 무용 예술이 무엇을 상징하느냐에 국한되지 않는다. 중요한 것은 새로운 무용 예술이 자신을 어떻게 상징하느냐이다. 베르토프의 필름에서 무용수들의 퍼포먼스는 화면에서 터져 나오는 공동체의 활력 넘치는 에너지가 아니다. 퍼포먼스는 몽타주를 통해 다른 운동 이미지들과 절합되는 하나의 운동 이미지이다. 첫째, 무용수들은 오버랩 되면서 춤을 춘다. 무용수들의 이미지는 피아노 위에 등장한다. 무용수들 아래 건반 위에는 피아니스트의 손이 보인다. 그 손 뒤에는 역시 오버랩 된 이미지로 등장하는 지휘자의 몸짓이 보인다. 지휘자의 이미지는 이내 사라지지만 건반은 그 자체의 반사작용으로 증식되며 무용수들은 결코 '혼자'가 아니다. 둘째, 무용 이미지는 청중의 이미지와 갈마들며 나온다. 셋째, 무용 이미지는 연속 운동이라는 동일한 이념에 따라 접속되는 다른 상징들로 연결된다. 하늘을 나는 비행기들, 전화국의 교환원들, 타자수 부서의 타자수들, 거리를 지나는 버스들, 유명한 [공장의] 물레 이미지 그리고 그 위에 오버랩 되는 여공의 미소 띤 얼굴까지. 요컨대 유일한 공통 운동이라는 이념은 한 이미지가 다른 이미지와 부단히 관계 맺으면서 동시에 생산되고 배가되고 깨진다. 무용은 이때 단순한 통일성의 패러다임을 제공하지 않는다. 그 대신 관계의 패러다임을 제공한다. 그것은 언제나 다른 어떤 것과 접속되고, 언제나 다른 어떤 것을 나타낸다.

이 관계를 이해하려면, 무용 예술의 혁명에서 던컨보다 앞서는 다른 무용수 풀러로 거슬러 올라가야 한다. 말라르메가 「무용의 다른 연구: 발레의 핵심들」에서 풀러의 회전 운동에 대해 논평한 방식을 검토할 필요가 있다.[9] 그 글에서 말라르메는 "무용의 신비 속에 포함된 절묘함"에서 발견될 수 있는 "복원된 미학"의 원리를 정식화하기 시작한다. 풀러의 회전 퍼포먼스는 삶의 보편적 운동의 일종을 표현하는 게 아니다. 그것은 다른 이미지들을 발생시키는 [또 다른] 하나의 이미지이다. 말라르메의 말에 따르면, 풀러는 "멀찍한 펼침으로 나아가는 아주 많은 회전 이미지"를 예시하는 형상이요, "예술적 도취"와 "산업적 성취"를 동시에 아우르는 회전 이미지이다. 예술적 '도취'는 풀러의 펼쳐진 드레스의 유일한 '감정'에 의해 제공된다. 프랑스어 원문에는 "avec l'émoi seul de sa robe"[그녀의 드레스의 유일한 감정과 함께]라고 쓰여 있다. 영역본에서는 "with a tiny shiver of her dress"[그녀의 드레스의 작은 떨림과 함께]로 번역됐는데, 이는 풀러의 퍼포먼스를 정확히 묘사해주긴 하지만 말라르메가 사용한 단어 émoi에 내재하는 비유를 빠뜨린다. 'émoi'는 약간 옛날 말인데 말라르메의 시대에는 더 감정적인 뉘앙스를 포함했다. 이 단어를 사용하면 역설이 훨씬 더 두드러진다. 풀러의 무용에서 표현된 '감정' 일체는 아무 감정도 느끼지 못한다고 가정된 사물인 천 조각의 감정이다. '운동의 감정'이 그 퍼포먼스의 유일한 내용이다. 내가 앞 장에서 보였듯, 형식과 내용의 이 동일성을 오해해서는 안 된다. 무용의 매체는 예술가 자신의 움직이는 신체이고 풀러는 작가이자 안무가이자 퍼포머이기에, 그녀의 고독한 퍼포먼스에서 예술적 자율성과 매체 특정성을 강조하는 이른바 모더니즘 패러다임을 떠올릴 수도 있다. 하지만 사정은 그렇지 않다. 풀러의 무용을 패러다임적으로 만들어주는 것은 가공된 천을 갖고서 자기가 좋아하는 어느 운동이든 만들어내는 데에 저 자신의 신체를 사용하는 예술가의 퍼포먼스가 아니다. 풀러가 만들어내는 운동은 뭐든지 상관없는 아무 운동이 아니다.

풀러의 운동은 온통 동일한 기본 동작 패턴—전후로 움직이는 동작, 자기 밖으로 확장됐다가 자기 안으로 틀어박히는 동작—을 연기한다. 발레에서 이 전후로 움직이는 동작은 서사적 표현성과 기계적 기교라는 이중의 구속—그것은 또한 에투알[수석 무용수]과 무명 집단 사이 위계적 관계를 수반한다—에 의해 흡수되고 변질된다. 풀러의 무용은 에투알의 운동에 그것의 진실을 가져다준다. 개인의 자기 긍정은 확장을 거쳐 비-개인 un-individual의 역량에 몰두한다는 진실.

풀러는 자신의 매체medium가 지니는 잠재성을 탐험하는 대신 하나의 환경milieu을 창조한다.[10] 풀러 본인의 운동이 그 안에서 "저 자신을 확장하는" 관계의 장소 혹은 매개의 장소가 되는 환경을 창조하는 것이다. 자신의 드레스를 펼쳤다 되접었다 하는 무용수의 인위적 퍼포먼스는 펼치기와 되접기, 나타남과 사라짐의 형태 전개에 관한 가장 추상적인 정식을 도출함으로써 하나의 공간을 창조한다. 펼치기와 되접기, 나타남과 사라짐의 형태들은 자연 현상들을 공통의 감각 세계의 형태들로 바꾼다. 일상적인 해의 뜨고 짐, 꽃들의 개화, 새들의 비행, 파도에 이는 하얀 거품. 하지만 이 "자기-확장"은 단순히 파도가 솟구쳤다가 떨어지는 것과는 다르다. 오히려 그것은 번역translation 운동이다. 그 단어[번역]의 두 의미에서 그러하다. 무용수의 운동은 "바다, 저녁, 향기,

거품의 장식적 도약"[11]을 자기로부터out of itself, 자기 밖
에서outside itself 해방한다. 운동은 일련의 환유를 통해서
만 주어진다. 파도가 아니라 파도의 거품, 일몰이 아니
라 저녁의 도약 등등. 더 중요한 것은 그 "바다, 저녁,
향기, 거품의 도약"이 무대 위에 존재하지 않는다는 사
실이다. 그 도약은 무용수의 회전 운동을 가지고 관객
이 몽상 속에서 하는 번역으로서만 존재한다. 비인격적
impersonal[12] 삶의 운동은 이중의 번역을 통해서만 존재
한다. 자기 밖에 환경을 창조하는 무용수의 운동, 그리
고 무용수가 동작으로써 말없이 써내려갔거나 써내려
갔을 수 있을 텍스트 중 하나를 번역하는 관객의 운동.[13]

　이 이중의 번역은 자유로운 운동의 패러다임을 복
잡하게 만든다. 어떤 면에서는 풀러의 무용과 그 무용
에 붙이나 무지개 색을 비추는 스포트라이트의 합동 퍼
포먼스가 제공한 "예술적 도취"와 "산업적 성취"의 결
속에 관한 분석은 베르토프의 필름에서 발레리나들의
무용과 공장의 물레 사이 연합에 최고의 모델을 제공하
는 듯 보인다. 하지만 동시에 그 분석은 퍼포먼스를 분
할한다. 무용수의 퍼포먼스는 새로운 삶의 구현이 아니
다. 그것은 단지 새로운 삶을 '써내려가는' 한 방식이요,
공장에서 돌아가는 물레의 에너지 혹은 전화국 교환원
의 몸짓을 번역하고 나서 차례로 그것들에 의해 번역되
는 하나의 은유이다. 피스톤의 전후 운동을 흉내 내는

무용의 순간　　　　　　　　　　　　　　143

"무용 기계"는 필요가 없다. 대신 공장의 물레가 무용수의 회전 운동과 같아진다. 하지만 이는 또한 예술이 그 안으로 사라졌어야 했던 대편성 운동 교향곡이 여전히 은유들의 무대가 되고 있음을 뜻한다. 그 무대 위에서 모든 활동은 무한정 차례차례 번역될 수 있는 이미지들이다.

나는 이 문제의 정치적 측면에 대해 이미 설명했다. 이 공산주의적 운동 교향곡은 공산주의 권력에 관한 전략적 개념과 상충한다. 나는 여기서 무용 자체와 새로운 예술의 패러다임으로서 무용이 담당하는 역할에 관한 문제에만 초점을 맞추고 싶다. 새로운 예술의 패러다임이란 신체 속에 사유가 현존하는 새로운 방식, 예술과 비예술이 맺는 새로운 관계를 뜻한다. 바로 이 관점에서 나는 [베르토프가] 무용을 영화 속에 배경으로 설정한 것으로부터 무용 자체와 관련된 몇 가지 결론을 끌어내고 싶다. 요점은 다음과 같다. 이 틀은 새로운 무용 예술 패러다임이 이해되어온 지배적 방식 그러니까 예술과 삶의 첫 만남에 관한 패러다임을 의문에 붙인다는 것. 나는 이 첫 '만남'을 철학적으로 해석하는 두 사례에서 출발했다. 낭시에게 무용이란 신체가 자신을 원초적 비구분—태아가 엄마의 자궁 속에 있듯 신체가 그 위에 놓여 있는 지면으로 물질화되는 비구분—에서 빼내기 시작하는 근원적 순간이다. 바디우에게 무용이란 신체가 수행하는 첫 지적 퍼포먼스이다. 무용은 신체를 대지에서 빼내어 이념[이데아]을 받아들일 수 있는 신체 일반의 소질을 현시한다. 무용은 예술이 아니라고 바디우는 말한다. 무용은 신체가 예술을 담을 수 있는 자질의 아직 비-예술적인 현시라는 것이다. 그리하여 첫 만남은, 인간을 "하늘에 속하는 식물"로 정의하는 플라톤을 따라,[14] 신체가 그 자신의 공중 목적지로 끌어당겨지는 순간이다. 하지만, 우리가 알다시피, 모던 무용수와 안무가의 노력은 그와 정반대인 경우가 허다했다. 그들은 무용하는 신체를 대지로 돌려보내고, 무용하는 신체의 뿌리가 지상에 있음을 분명히 드러내곤 했다. 베르토프의 시대에 이 운동이 가장 잘 표현된 곳은 마리 비그만이 짠 마녀 춤의 앉은 자세, 특히 손으로 무릎을 눌러 무릎이 지면을 더 강하게 두드리게끔 하는 자세였다.[15] 이본 레이너Yvonne Rainer[1934 ~]와 저드슨 댄스 시어터the Judson Dance Theatre의 시대에, 무용수들은 움직이는 신체가 하는 일상 행위와 과제 예컨대 걷기, 방향 바꾸기, 고개 젓기, 양팔 편하게 풀기, 기대기, 꼿꼿이 서기, 손으로 오브제 다루기 등으로 무용을 돌려보내길 바랐다.[16] 신체를 대지에서 뽑아내려는 철학적 해석 그리고 무용을 지면으로, 일상으로 되돌려 보내려는 예술적 시도는 비록 방향은 반대지만 양측 모두 춤을 '예술의 기원' 즉 신체와 지면이 원초적이고 고독한 관계를 맺는 순간으로 보는 관점을 인정하는 듯 보인다. 반대로, 베르토프의 몽타주가 보여주는 것은 무용이 '혼자'가 아니라는 점이다. 내가 분석한 시퀀스에서 세 발레리나는 오버랩 되면서 춤을 추는데, 이때 그들은 기계·카메라·군중의 무용이라는 전반적 운동의 일환으로서 춤을 춘다. 이것을 몽타주 기법[인위]artifice이라고 말할 수 있을지도 모르겠다. 하지만 무용과 몽타주가 맺는 관계는 자의적 인공물artefact은 아니다. 몽타주는 어울리지 않는 것들 혹은 어울리지 않아 보이는 것들 심지어 여태껏 어울려 보인 적 없는 것들을 한데 모으는 실천이다. 아메리카 출신의 뮤직홀 아티스트의 발과 펼쳐진 드레스 그리고 섬세한 프랑스 시인의 내밀한 몽상이 맺는 관계의 경우가 그러했다. 무용 예술, 소비에트 공장 조립 라인의 노동, 평범한 남녀가 하는 일상 활동, 그것들을 한데 모으는 필름 몽타주가 맺는 관계의 경우도 마찬가지였다. 베르토프의 필름에서 그러한 유비를 한층 부각하는 것은 발레리나의 회전 동작, 기계의 물레, 카메라의 크랭크를 돌리는 카메라맨의 몸짓, 필름 쪼가리를 자르고 붙이는 편집자의 몸짓이다. 무용은 그 모든 운동의 번역 가능성을 상징한다. 이 상징화는 몸짓들의 형식적 등가, 운동량의 수학적 상등과 같이 최소한으로 축소되는 것이 사실이다. 그래도 이 등가는 상징화되어야 한다. 운동의 한 형태는 모든 운동의 등가를 번역하고, 그리하여 범신론적 운동 교향곡 한가운데에 간극을 만들어내야 한다. 이 상징화는 관객에게 제시되면서 관객에게 그들이 일상 활동 속에서 짜는 교향곡의 의미를 제공한다. 하지만 상징화는 그 의미를 관객으로서의 그들에게 제공한다. 집단적 무용의 회전 운동은 교향곡 동작주로서 개인들과 영화관 관객으로서 개인들 자신이 맺는 전후 운동과 조합돼야 한다. 물론 그 허구적 관객들의 반응은 영화감독에 의해 엄격히 결정되고 한정된다. 베르토프는 보통은 어울리지 않는 것들을 한데 모으는 몽타주의 트릭을 목전에 두고 단순히 매혹된 상태로 관객의 반응을 축소한다. 몽타주는 하나의 실천인 것만은 아니다. 그것은 또한 하나의 믿음이다. 이 믿음의 핵심은 교육학적 환영이다. 학생/관객의 마음속에서 일어나는 관념들의 접속은 스승/예술가가 제시하는 접속을 재생한다는 생각.

하지만 사실은 그렇지 않다. 번역은 운동의 전달이 아니다. 말라르메는 우리에게 그 차이를 상기시킨다. 예술가의 퍼포먼스와 관객의 번역 사이에는 간극이 있다. 무용은 다른 운동을 산출하는 운동이 아니다. 무용이란 관객 측에서 다른 종합을 하도록 요구하는 감각적 상태들의 독특한 종합이다. 이 관계에는 고유한 언어가 없다. 그 관계는 교착어법의 형태로 표현된다. [이 관계에는] 신체의 운동이 있다. 그리고 이 운동의 등가물을

발명함으로써 간극에 교량을 놓으려 시도하는 몽상이
있다. 그도 그럴 것이 운동은 그 자체로 분할되기 때문
이다. 이것이 바로 무용수는 "춤추지 않는다"라고 쓴
말라르메의 도발적 문장이 의미하는 바이다.**17** 오히려
무용수 풀러는 써내려간다. 그런데 그녀가 써내려간 것
은 발레의 어휘에 속하는 동작과 피겨의 구성이 아니다.
달리 말해, 그녀가 쓴 언어는 '운동의 언어'가 아니다.
그것은 "우리의 형태의 은유"를 써내려가는 유사-언어
로 머물 운명이다. 하지만 결국 이 은유는 비유 사전 어
디에도 그에 맞춤한 번역어가 없다. 반대로 그 은유는
그것이 "말하는" 바의 바로 그 불확정성으로 작동한다.
무용은 칸트가 말하는 "목적 없는 합목적성"의 역설을
다른 어떤 예술보다 잘 구현하는 예술일지 모른다. 무
용은 운동의 통상적 목적에서 분리[탈접속]되는 운동
이지만, 운동 자체에 목적이 있는 연습을 단순 긍정 하
는 것에 자신을 한정할 수 없다. 그래도 무용은 사실 아
무런 목적지가 없도록 운명 지어져 있다. 무용은 다른
번역을 요구하는 하나의 번역이다. 무용이 텍스트가 아
니면서도 다른 번역을 요구하는 까닭은 그것이 운동 이
상이기 때문이다. 무용은 감각적 상태들의 종합이요 이
질발생적 종합의 한 형태이다. 그 종합은 완성될 필요
가 있다. 그리고 [그 종합은] 사전 없이 자신이 본 것에
입각해 [뭔가를] 짓는 번역자에 의해 번역됨으로써만

다시 말해 다른 종류의 종합을 통해서만 완성될 수 있다. 무용은 그것을 보는 자들이 다른 언어로 더 써내려가야 할 어느 텍스트의 번역인 것이다. 다시 한 번 칸트의 용어로 말하자면, 무용은 <u>미적[감성적] 이념</u>aesthetic ideas[18]의 예술이다. 예술의 의식적 목적과 목적 없는 합목적성에 대한 미적 경험 사이 간극에 교량을 놓는 상상[구상력]의 이념. 칸트의 관점에서 그러한 미적 이념은 비록 자신의 작품을 의식하지 않을지라도 그 예술가의 미적 이념으로 남아 있다. 그 작품은 말라르메를 포함하여 관객에게 공유된다. 무용수는 늘 그 자신이 하는 것 이상을 하는 예술가이며, 그의 퍼포먼스는 그 자신의 이념이 아니라 관객/번역자의 '이념들'에 의해 완성될 필요가 있다.

이 이중의 번역 운동이 무용에 그것의 패러다임적 기능을 부여한다고 나는 생각한다. 무용을 예술의 기원 내지 새로운 공동체 예술로 설정하는 철학적·정치적 연출mise-en-scène은 폴리 베르제르Folies Bergère에서 공연된 [풀러의] 쇼를 보고 시인이 쓴 평문만큼이나 새로운 삶을 그리는 공산주의적 안무에서 작동하는 유비적 연출의 특수한 변주일 뿐이다. 하지만 그처럼 특수한 형태의 재무대화restaging는 '근원적' 무대를 잊었음에 틀림없다. 근원적 무대란 기원의 무대가 아니라 '번역'의 무대인 것이다. 이제, 비-기원의 억압에든 기원의 억압에든

[그 양자에서] 동일한 일이 벌어진다. 그것[번역의 무대]은 다시 또다시 표면으로 떠오른다. 1960년대 초 공포됐던 무용의 민주적 전복의 운명을 둘러싼 물음의 중심에는 이 재부상이 자리하고 있었다. 당시 테르프시코레 Terpsichore는 발레의 실내화와 표현적 무용의 맨발을 평범한 삶의 운동화로 대체하려고 했다.[19] 처음에 이 프로그램을 채택했던 그 많은 무용수는 어째서 발레의 어휘에서 차용한 동작의 형태와 시퀀스를 재도입하고 있을까? 내 생각에 그와 같은 일이 벌어지는 까닭은 그 문제가 운동화에 관련된 것이라기보다 운동화가 무엇을 나타내는가, 혹은 운동화가 무엇을 번역하는가에 관련된 것이기 때문이다. 재부상한 것은 발레가 누린 과거의 번영에 대한 향수가 아니다. 재부상한 것은 오히려 '번역' 모델 혹은 두 운동[무용수의 운동과 관객/번역자의 운동] 사이 유비적 관계이다. 나는 여기서 제목도 날짜도 상징적인 작품 하나를 떠올린다. 그것은 루신다 차일즈Lucinda Childs가 1970년대 말에 창작해 〈무용 Dance〉(1979)이라고 간단히 이름 붙인 작품이다. '모던' 무용 그리고 '포스트모던' 무용의 모든 변환에 걸쳐, 말라르메가 보았던 풀러의 춤, 〈카메라를 든 사나이〉에서 공연된 던컨식의 무용, 차일즈의 안무를 연결하는 계보를 그릴 수 있다는 게 내 생각이다. 나는 단순히 필립 글래스Philip Glass가 작곡한 반복적 음악을 공간에 새기

는 반복적 피겨의 크레셴도로 제시되는 운동의 절정에 대해 생각하는 게 아니다. 나는 솔 르윗Sol LeWitt이 상상해 편집한 대로 무용 이미지가 영사된 투명 스크린 '기법[인위]'에 대해 생각한다. 같은 시간에 두 공간에서 그러니까 실제 무대 공간에서 그리고 튤 스크린tulle screen 상에 확대된 무용수 이미지들로 구축된 가상의 공간에서 춤이 공연됐다. 춤이 그 자체의 번역으로 공연된 것이다. 그 자체로 관객이 수행한 번역 작업의 유비처럼 보이는 번역. 〈무용〉의 시각적 마법은 1960년대 초의 '미니멀리즘'과 거리가 멀어 보일 수 있다. 하지만 그 시각적 마법이 작동시키는 운동의 중복은 〈거리 무용Street Dance〉(1964) 같은 작품을 특징짓던 퍼포먼스의 분할과 여전히 비슷하다. 그 작품에서 [뉴욕 맨해튼] 거리의 무용수들은 관객에게 빌딩의 작은 디테일, 상점의 진열창 혹은 표지판을 가리켜 보이는 평범한 과제를 받는다. 관객은 [오디오] 테이프에서 흘러나오는 [설명의] 도움을 받으며 로프트의 창문 너머로 [퍼포먼스를] 바라보는 유일한 구경꾼이었다.[20]

사실은 미니멀리즘적 퍼포먼스 형식 속에서도 이미 번역 과정을 관찰할 수 있다. 나는 여기서 시몬 포르티Simone Forti가 1961년 뉴욕에서 상연한 〈다섯 개의 무용 구조물Five Dance Constructions〉[21] 가운데 하나인 〈플랫폼Platforms〉을 떠올린다. 그 퍼포먼스들은 여러 번 다시 상연됐으며, 그러한 재상연 가운데 하나는 필름으로 기록되기도 했다. ‹플랫폼›은 아주 미니멀한 퍼포먼스를 선보인다. 남자 한 명과 여자 한 명이 [아래판이 없는] 나무 상자 밑으로 들어간다. 플로어에는 하나의 신체도 보이지 않게 된다. 말라르메의 용어로 말하자면, 장소 말고는 아무것도 일어나지 않는다. 하지만 말라르메는 그 '아무것도'에 '예외'를 덧붙인다. 『주사위를 한 번 던짐』[22]에서 그 예외적 보충supplement은 "텅 빈 어떤 높은 표면 위에" 있는 성좌 즉 수Number에 대한 번뜩이는 번역이다. 포르티의 작품에서 보충은 오직 휘파람이다. 거리를 두고 떨어져 있는 나무 상자에서 남자와 여자는 서로에게 휘파람을 분다. 이런 식으로 러브 스토리와 예술적 퍼포먼스가 인간의 삶과 운동의 미니멀한 현시인 숨으로 환원된다. 하지만 이 숨은 주변에 둘러앉은 관객들이 아득하게 들려오는 희미한 휘파람과 어느 사랑과 이별의 노래—예컨대 리하르트 바그너 Richard Wagner의 오페라[‹트리스탄과 이졸데›] 제3막 도입부의 '옛 멜로디' 즉 이졸데에게서 떨어져 누운 트리스탄이 듣는 목동의 멜로디—를 연관 짓는 한에서 그 퍼포먼스를 완수한다. [퍼포먼스의] 휘파람은 물론 [오페라의] 잉글리시 호른이 아니다. 하지만 퍼포먼스를 기록한 필름은 이 번역의 현저한 유비를 우리에게 제공한다. 긴장이 고조되는 순간, 카메라는 두 나무 상자를 떠나서는 경청하고 있는 한 소년의 얼굴에 초점을 맞춘다. 소년은 퍼포먼스를 보고 들으며 퍼포먼스를 완성하고 있다. 이 일순간의 클로즈업은 다른 퍼포먼스를 기록한 다른 필름을 우리에게 연상시킨다. 잉마르 베리만Ingmar Bergman 버전의 [텔레비전 영화] ‹마술 피리Trollflöjten›[1975]. 그 영상에서 카메라는 오페라[모차르트의 ‹마술 피리Die Zauberflöte›]의 서곡을 어린 소녀의 얼굴에 '반영된' 것으로 지각할 수 있게 해준다. 과거로 한층 더 거슬러 올라가면 에이젠슈테인의 텍스트가 떠오를 수도 있다. 거기서 에이젠슈테인은 연극 리허설 동안 연극의 사건 일체가 어린 소년의 얼굴에 반영되는 모습을 관찰하고서 '어트랙션 몽타주montage of attractions'를 착상했다고 설명한다.[23] 이 경험으로부터 에이젠슈테인은 관객의 마음을 '일구기' 위해 그 얼굴에 반영된 효과들을 고의로 창출하는 예술의 이념을 끌어내고 싶어 했다. 하지만 이것은 몽타주의 철학에 내재하는 지배의 착각에 머물렀다. 퍼포먼스의 구축을 퍼포먼스 효과의 구축이라고 혼동하는 착각. 관객의 얼굴에 비친 반영은 오로지 번역의 환경milieu을 통과하여 예술가의 퍼포먼스를 완성한다. 번역의 환경 속에서 예술가는 자신의 지배를 상실한다.

내가 퍼포먼스 자체보다는 퍼포먼스 필름에 대해 논평하고 있다고 말할지도 모르겠다. 하지만 필름 덕분에 우리가 지각하게 되는 것은 바로 이 [퍼포먼스] '자체'를 의문에 붙여야 한다는 사실이다. 무용 퍼포먼스는 그저 움직이는 신체의 퍼포먼스로 환원될 수 없는 것이다. 무용은 예술의 기원이 아니다. 오히려 무용은 번역의 예술이다. 프랑스의 두 안무가 안 케르제로Anne Kerzerho와 로익 투제Loïc Touzé가 고안한 최근 퍼포먼스 〈탁자를 둘러싸고Autour de la table〉[2008]는 우리에게 그 점을 상기시킨다. 안무가들은 다수의 사람을 한 장소에 모은다. 이들은 다양한 방식으로 몸을 쓰고 스킬을 발전시켜 일상 활동을 수행하는 사람들이다. 하지만 이 모임의 목적은 더는 1960년대 그랬던 것처럼 신체의 일상적 몸짓과 비슷한 무용 형태를 발명하는 데 있지 않다. 그 장소에 모인 이들은 어떤 몸짓도 공연하지 않는다. 대신 그들은 탁자에 앉아 이야기한다. 그들은 자신의 몸짓을 내레이션으로 번역하고, 탁자를 둘러싸고 앉은 다른 사람들이 그들 자신의 몸짓에 관해 만들어내는 서사에 귀를 기울인다. 이 번역 교환은 자코토가 오래전에 정식화한 지적 해방 원리 가운데 하나를 우리에게 떠오르게 한다. 해방된 사람은 자신이 수행하는 활동에 관해 말할 수 있는 사람, 자신의 스킬을 언어—즉 기호의 체계가 아니라 공동체의 형태를 짜는 방식인 말 건넴—의 형태로 생각할 수 있는 사람이라는 것. 자코토는 말한다. 해방된 공동체는 예술가들의 공동체,

이야기꾼과 번역자의 공동체라고.[24] 어쩌면 예상치 못한 의미에서 무용은, 말라르메의 말마따나, "상징적 예술" 혹은 예술의 상징이라고 하겠다.

주

1. Mathilde Monnier & Jean-Luc Nancy, *Allitérations: Conversations sur la danse*(Paris: Galilée, 2005).

2. Alain Badiou, *Petit manuel d'inesthétique*(Paris: Éditions du Seuil, 1998), pp. 91~111(esp. p. 97). 알랭 바디우, 장태순 옮김, 「사유의 은유로서의 춤」, 『비미학』(이학사, 2010), 109~134쪽(특히 117쪽). "춤이 가리키는 것은 사건으로서의 사유, 하지만 이름을 가지기 이전의, 자신의 진정한 사라짐과의 완전한 경계에 있는 사유, 사건 자체의 스러짐 안에 있는 사유, 이름이라는 피난처가 없는 사건으로서의 사유일 것이다."

3. "순간이란 단순히 시간의 부분이 아니다. 그것은 상황의 무게를 재는 저울에, 상황을 파악할 수 있는 소질이 있는 주체들을 셈하는 저울에 올려진 다른 추를 가리킨다. 순간은 운동을 개시하거나 빗나가게 하는 운동량이다. 그것은 어느 힘이 다른 힘에 대해 단순히 우위를 갖게 된다는 뜻이 아니라 공통 조직tissu commun의 찢김 즉 세계가 지각 가능해지고 주어진 세계의 명증성에 문제를 제기할 수 있게 되는 가능성을 뜻한다." J. Rancière, *Moments politiques. Interventions 1977-2009*(Paris: La Fabrique éditions, 2009), p. 9. 다음 구절도 참조.

"순간이란 단순히 시간의 흐름 속에서 사라지는 한 지점이 아니다. 그것은 또한 모멘툼 즉 평형 이동이자 새로운 시간 흐름의 정립이다. 공산주의적 순간이란 '공통적인' 것이 무엇을 뜻하는가에 관한 새로운 짜임[편성], 가능태의 장의 재편성이다."(같은 책, p. 226) 공산주의 대신 무용을 집어넣고 이 문장을 읽는다면 무용의 순간에 대한 정의를 얻을 수 있을 것이다.

블라디미르 스텐베르크Vladimir Stenberg와 게오르기 스텐베르크Georgii Stenberg는 소비에트의 예술가이자 디자이너로서 베르토프의 ‹카메라를 든 사나이› 포스터와 세르게이 에이젠슈테인의 ‹전함 포테킨› 포스터를 디자인했다. 영화에서 사용되는 몽타주 기법을 포스터에 포토몽타주 방식으로 표현한 것이 특징이다. ‹카메라를 든 사나이› 포스터는 그 필름에서 신체의 행위와 기계의 활동이 동질화됨을 보여준다. "여성의 눈은 카메라의 눈과 짝을 이루고, 그녀의 다리는 삼각대의 다리와 짝을 이룬다. 더 근본적으로, 황홀경에 빠진 신체의 활력은 사지 절단으로 표현되며, 그렇게 잘린 팔과 다리는 기계의 부품처럼 보인다. 활력은 단편화로 표현된다. 포스터의 스틸 이미지에서 신체의 사지 절단은 영화적 몽타주 작업을 상징한다. 몽타주는 새로운 삶의 직물, 일의 공동체와 동일한 삶의 공동체라는 직물을 짜는 데 협력하는 모든 몸짓을 보여주는 숏의 극단적 단편

화를 통해 새로운 삶의 활력을 표현한다." J. Rancière,
"Art, Life, Finality: The Metamorphoses of Beauty,"
Critical Inquiry Vol. 43, No. 3(Spring 2017), pp. 613
~615 참조.

5 이 주제에 관해서는, 자크 랑시에르, 『해방된 관객』, 제
1장과 3장을 참조.

6 Jean-Georges Noverre, *Lettres sur la danse et sur les
ballets*(Stuttgart/Lyon: Aimé Delaroche, 1760). 육
완순 옮김, 『무용가에게 보내는 노베르의 편지』(금광,
1987).

7 마이나스는 디오뉘소스를 따르는 여신도들을 가리킨다.
아폴론적 마이나스는 아폴론과 디오뉘소스의 대립을
넘어선 형상이다.

8 Immanuel Kant, *Kritik der Urteilskraft*, B61. 이석윤
역, 『판단력 비판』(박영사, 2017), 81쪽.

9 Stéphane Mallarmé, "Autre étude de danse: Les
fonds dans le ballet," *Divagations*, pp. 179~
182. *Œuvres complètes*, t. II, pp. 174~176에 재
수록. 영역본은 "Another Study of Dance: The
Fundamentals of Ballet," *Divagations*, trans. Barbara
Johnson(Cambridge: Harvard University Press,
2007), pp. 135~137.

10 "매체médium에 관한 테제는 동시에 두 가지를 이야기한

다. 첫째, 예술은 그것이 예술에 속할 때에만 예술에 속한다. 둘째, 예술은 그것이 예술에 속하지만 않을 때 예술에 속한다. 우리는 이 두 모순 명제를 다음과 같이 종합할 수 있다. 예술은 그것이 예술에 속하는 것인 동시에 예술에 속하지 않는 것일 수 있는 한에서 예술에 속한다. 예술은 그 작품이 감각적 환경un milieu sensible—예술에 속하는 것과 예술에 속하지 않는 것의 구분이 거기서 뒤죽박죽된다—에 속할 때 예술에 속한다. 요컨대 '수단'은 언제나 그것[수단]의 고유한 목적과는 다른 것의 수단이다. 수단은 또한 특정한 환경의 편성[짜임]에 참여하는 수단이다. 중립적 수단으로서 매체와 고유한 실체로서 매체 사이의 긴장, 예술의 아이디어를 실현하는 도구로서 매체와 이 아이디어와 예술에 저항하는 것으로서 매체 사이의 긴장은 제3항이자 세 번째 관념인 환경으로서의 매체 안에서 해소된다. 특정 예술 장치의 퍼포먼스가 그 안에 기입되는 환경. 또한 이 퍼포먼스 자체가 그것을 편성하는[짜는] 데 한몫하는 환경. 예술을 매체 법칙에 매다는[따르게 만드는] 것은 사실상 이 두 환경의 포개짐을 가정하는 것이다. 그것은 '제 고유의 매체에 충실한' 예술 퍼포먼스와 새로운 감각 환경, 새로운 기술 세계 —그것은 새로운 감각 세계인 동시에 새로운 사회 세계이다— 간의 합치 법칙을 가정하는 것이다." J. Rancière, "Ce que «medium» peut vouloir dire: l'exemple de la photographie," *Appareil*, 1(2008). http://journals.openedition.org/appareil/135.

11   정확한 표현은 "하늘, 바다, 저녁, 향기, 거품으로 장식된 지체된 도약"이다. Stéphane Mallarmé, "Autre étude de danse: Les fonds dans le ballet," *Divagations*, p. 182. *Œuvres complètes*, t. II, p. 176에 재수록.

12   포스트모던 무용의 주요 개념인 impersonal은 안무가/무용수 개인의 개성을 강조하지 않는 성격을 뜻하며, '비개인적' 내지 '탈인간적'으로 번역되기도 한다.

13   랑시에르가 풀러의 무용-글쓰기와 말라르메의 해석-글쓰기의 관계에 대해 쓴 설명을 참조할 것. "시의 공간은 연극적 퍼포먼스이다. 이 퍼포먼스는 그것을 구성하는 이원성(기호의 물질적 트레이싱과 이 기호의 해석) 덕분에 재현적 수다나 쓸데없는 거울상에서 벗어난다. 발레 무대에서 저 자신의 모델을 발견하는 이 이원성은 글쓰기와 안무 사이에 특권적 관계를 수립한다. 무대 위에서 문맹 발레리나는 글쓰기 기호들을 "필사 도구 없이" 트레이싱하는 기호이다. 발레리나의 신체는 이 홀연히 나타났다 사라지는 물질적 글쓰기를 통해 공간 안에 이념을 물질적으로 기입한다. 이 순수하게 물질적인 제시, 이념을 조형적으로 그려내는 시는 자신의 연극에 대한 재현을 극복한다. 이를 위해 그 물질적 제시를 해석할 필요가 있을까, 관객-시인이 "자신

의 시적 본능의 꽃"을 발레리나의 발밑에 놓을 필요가
있을까? 바로 그러한 값을 치러야만 여성 무용수의 무
언의 글쓰기는 "여성 무용수 즉 기호의 방식으로" 시
인의 꿈을 트레이싱하게 될 것이며, 시인은 문맹이 써
내려간 무언의 상형문자들을 갖고 자신의 시를 지을
수 있을 것이다." J. Rancière, *La parole muette: Essai
sur les contradictions de la littérature*(Paris: Hachette
Littératures, 1998), pp. 136~137.

플라톤, 『(플라톤의) 티마이오스』, 90a. 박종현·김영균
공동 역주, 『티마이오스』(서광사, 2000), 250쪽.

여기서 말하는 마녀 춤은 1914년 2월 11일 처음으로
발표된 ‹마녀의 춤Hexentanz›이 아니라 1926년 10월 1일
발표된 ‹마녀의 춤IIHexentanz II(Vision IV)›를 가리킨다.
낯선 의상과 일본의 [전통 무대극의] 노能 가면을 걸치
고 리듬에 맞춰 몸을 각지게 비틀곤 하는 이 춤은 대개
고독, 죽음, 전쟁, 삶의 부조리를 표현한 것으로 간주된
다. "죽음은 그 오만한 태도와 음산하고 마치 안달이
난 듯한 위협적인 몸짓으로 내게 찾아올 때마다 늘 장
엄함 정도의 초연함을 지니고 있으며 우리가 고통으로
괴로워하던 순간조차도 죽음은 우리의 한계로는 깊이
를 헤아릴 수 없는 침묵으로 우리를 압도하여 경의를
표한다." 마리 뷔그만, 윤계정 옮김, 『마리 뷔그만의 춤
의 언어』(현대미학사, 1994), 18쪽. 이지원, 「독일 모던

댄스와 실존주의」, 김말복·이지원·이지선·나일화 지음, 『현대 무용 사상: 표현과 해체』, 55쪽에서 재인용.

저드슨 댄스 시어터는 1960년부터 1962년까지 진행된 로버트 던Robert Dunn(그리고 존 케이지John Cage와 머스 커닝엄Merce Cunningham)의 수업에서 유래했다. 안무가·미술가·음악가 등이 모인 이 실험 집단은 1962년 7월 6일 뉴욕 맨해튼의 저드슨 기념 교회Judson Memorial Church에서 종강 기념 발표회를 열었다. 던의 수업에 관해서는 조은숙, 「로버트 던Robert Dunn의 워크샵이 저드슨 댄스 시어터Judson Dance Theater에 미친 영향」, 『무용예술학연구』(한국무용예술학회, 제9집, 2002년 봄), 239~260쪽을, 저드슨 댄스 시어터의 첫 공연에 관해서는 샐리 베인스, 이승엽 옮김, 「저드슨 댄스시어터의 탄생」, 『공연과리뷰』(현대미학사, 제21집 4호[제91호], 2015년 12월), 216~235쪽을 참조. 우연, 즉흥, 일상 동작, 게임, 무용 공간 확장, 관객 참여 등을 적극적으로 활용한 그들의 안무는 포스트모던 무용의 범례로 간주된다. 1962년부터 1964년까지 지속된 저드슨 댄스 시어터의 작품 활동 전반에 관해서는 Sally Banes, *Democracy's Body: Judson Dance Theater, 1962-1964*(Durham: Duke University Press, 1993) 참조.

레이너는 1965년에 「노 매니페스토No Manifesto」를 발표했다. "스펙터클에 노, 기교에 노. 변형과 마술과 가장에 노, 스타 이미지의 매혹과 초월성에 노, 영웅적인 것에 노, 반-영웅적인 것에 노, 쓰레기 이미지에 노, 연기자 내지 관객의 몰입에 노, 스타일에 노, 과장에 노, 관객을 유혹하는 연기자의 속임수에 노, 기행에 노, 선동하거나 당하는 것에 노." 국립현대무용단 편집부, 「노 매니페스토」, 『K Contemporary 3』(국립현대무용단, 2017), 21쪽. 이 선언의 기조를 따라 전통 무용의 기교를 배제하고 플롯 없이 오로지 (일상적) 동작 자체의 현존을 대상으로 삼은 대표작이 〈트리오 ATrio A〉(1966)이다. "무용수 한 명 혹은 동시에 여러 명에 의해 4분 30초 동안 진행된 구성에서는 비틀림이나 흔들림 혹은 걷기, 구부리기, 구르기, 쭈그리기, 머리와 팔의 작은 동작들이 혼합되어 제시되고 어떤 동작도 강조되지 않는다. 이는 보통의 신체에서 일반적으로 일어날 수 있는 속도감으로 특색을 찾아볼 수 없으며, 각 동작은 느긋한 통제의 느낌을 전달한다." Yvonne Rainer, *Work 1961-1973*(New York: New York University Press, 1974), p. 71. 이지원, 「페미니즘적 시각으로 본 이본느 레이너의 작품 연구: 「Trio A」를 중심으로」, 『무용예술학연구』(한국무용예술학회, 제16집, 2005년 가을), 142쪽에서 재인용. 이 작품은 1966년 1월 10일 저드슨 기념 교회에서 〈정신은 근육이다, 제1부The Mind Is a Muscle, Part One〉라는 제목으로 초연됐고, 같은 해 5월 22일 같

은 장소에서 〈정신은 근육이다The Mind Is a Muscle〉로 확장
되고 마지막에 '렉쳐Lecture' 섹션이 추가되어 공연됐으
며, 1968년 4월 11일 뉴욕 앤더슨 극장Anderson Theatre에
서 최종 버전이 〈트리오 ATrio A〉라는 이름으로 공연됐
다. 이 작품의 공연사에 대한 정리로는 Yvonne Rainer,
"Trio A: Genealogy, Documentation, Notation,"
Dance Research Journal(Vol. 41, No. 2, Winter
2009), pp. 12~18 참조. 이 작품에 대한 레이너 본인
의 설명으로는 Yvonne Rainer, "A Quasi Survey of
Some "Minimalist" Tendencies in the Quantitatively
Minimal Dance Activity Midst the Plethora, or an
Analysis of *Trio A*"[1966] in Gregory Battcock(ed.),
Minimal Art: A Critical Survey(Berkeley and Los
Angeles: University of California Press, 1995[1968]),
pp. 263~273 참조.

17 S. Mallarmé, "Ballets," *Divagations*, in *Œuvres
completes*, t. II, p. 171. "발레에 관해 내세울 수 있는
판단 혹은 공리! 요컨대 여성 무용수는 <u>춤추는 여성이
아니다</u>. 다음의 병치된 이유 때문에 그러하다. 그녀는
<u>여성이 아니다</u>. 우리 형태의 기본적 모습 가운데 하나
(검, 컵, 꽃 등)를 축도하는 하나의 은유인 것이다. 그리
고 <u>그녀는 춤추지 않는다</u>. 작문할 때 표현하려면 대화
체나 묘사체 단락에서 무엇이 필요한지를, 곧 모든 필

사 도구에서 해방된 시가 필요함을 경이로운 축약과 도약을 통해 신체적 글쓰기로써 암시하는 것이다." 랑시에르, 『이미지의 운명』, 172쪽 이하의 설명도 참조. Immanuel Kant, *Kritik der Urteilskraft*, B192~193, 197. 『판단력 비판』, 178, 182쪽. "내가 미적[감성적] 이념이라고 하는 것은 구상력의 표상을 의미하는 것으로, 이 표상은 많은 사유를 유발하지만, 그러나 어떠한 특정한 사상 즉 개념도 이 표상을 감당할 수가 없으며, 따라서 어떠한 언어도 이 표상에 완전히 도달하여, 그것을 설명할 수가 없는 것이다. 이러한 미적[감성적] 이념이 이성이념의 대립물(대칭물)임은 우리가 용이하게 알 수 있는 일이거니와, 이 이성이념은 반대로 어떠한 직관(구상력의 표현)도 감당할 수가 없는 개념인 것이다. (...) 한마디로 말하면, 미적[감성적] 이념이란 어떤 주어진 개념에 부수된 구상력의 표현이다. 이 표현은 구상력이 자유롭게 사용될 때에는 매우 다양한 부분표상과 결합되어 있기 때문에, 그것은 규정된 개념을 표시하는 말로는 표현될 수가 없다. 따라서 그러한 구상력의 표현은 언표할 수 없는 많은 것을 하나의 개념에 대하여 덧붙여 사유하게 하며, 이 언표할 수 없는 것에 대한 감정이 인식능력들[구상력과 오성]에 활기를 넣어주고, 한갓된 문자로서의 언표에 정신을 결합시켜주게 되는 것이다." 미감적 이념美感的 理念이라 되어 있는 것을 미적[감성적] 이념으로 바꿔 인용.

19 [원주] Sally Banes, *Terpsichore in Sneakers, Postmodern Dance*, [Boston : Houghton Mifflin], 1980. [옮긴이 주] 샐리 베인스, 박명숙 옮김, 『포스트모던댄스』(삼신각, 1991). 원제는 『운동화를 신은 테르프시코레: 포스트모던 댄스』이다. 테르프시코레는 제우스와 므네모쉬네 여신에게서 태어난 아홉 딸들(무사 여신들) 가운데 한 명으로서 무용을 관장한다.

20 "1964년, 내 무용 하나가 로어 맨해튼의 어느 거리에서 공연됐다. 청중은 거리 맞은쪽에 위치한 로프트 창문으로 그 광경을 관찰할 수 있었다. 주변 환경을 전적으로 활용하는 그 무용에서 퍼포머인 나와 다른 한 사람은 거리에서 벌어지는 다른 활동에 본질적으로 섞여 들었다. 무용은 6분간 지속되었는데, 우리는 이따금 빌딩 파사드의 다양한 디테일 그리고/혹은 이상한 것—글자와 라벨, 진열장에 전시된 갖은 물품들(시트와 베갯잇 등)—을 가리켜 보이려고 애썼다. 관객은 우리가 가리키는 게 뭔지 무용수만큼 아주 디테일하게 볼 수는 없었지만, 무용이 진행되는 동안 플레이되는 오디오 테이프를 통해 그에 관한 정보를 들을 수 있었다. (뭔가를 가리키는 것과 같은) 퍼포머의 라이브 액션은 (뭘 가리키는지 얘기해주는) 테이프의 정보와 정확히 동기화됐다. 그 결과, 관객은 사실상 현재 지각의 범위 너머에

있는 정보를 상상적 방식으로 마음속에 그리도록 요구 받았다. 그리하여 일종의 지각의 교차-참조가 발생했음에 틀림없다. 거기서 하나의 지각 방식은 다른 지각 방식과 조화를 이룸으로써 그 상황으로 말미암아 설정되는 괴리를 물리칠 수 있게 된다." Lucinda Childs, "Notes: '64-'74," *The Drama Review: TDR*, Vol. 19, No. 1(March 1975), p. 33. 랑시에르가 본문에서 말하는 "퍼포먼스의 분할"이란 거리에서 이루어지는 퍼포머의 라이브 액션과 관객이 마음속으로 번역하여 시각화하는 퍼포먼스를 가리킨다.

완전한 제목은 ‹다섯 개의 무용 구조물과 몇 가지 다른 것들Five Dance Constructions and Some Other Things›이다. 포르티는 1961년 5월 26~27일 요코 오노Yoko Ono의 뉴욕 로프트loft 스튜디오에서 1년 전 이미 공개했던 ‹시소See-Saw›를 포함해 다섯 개 새로운 작품(‹경사판Slant Board›, ‹허들Huddle›, ‹플랫폼Platforms›, ‹행거Hangers›, ‹라몬테의 두 사운드를 위한 부속물과 라몬테의 두 사운드Accompaniment for La Monte's Two Sounds and La Monte's Two Sounds›)를 상연했고, ‹지시로부터From Instructions›, ‹검열관Censor›, ‹몰이Herding› 같은 관객 참여 게임을 진행했다. 당시 공연에 관한 묘사로는 Simone Forti, *Handbook in Motion*(Halifax, Nova Scotia: The Press of the Nova Scotia College of Art and Design, 1974), pp.

56~67, 그리고 Sally Banes, *Terpsichore in Sneakers: Post-Modern Dance*(Boston: Houghton Mifflin, 1980), pp. 26~28 참조.『포스트모던댄스』, 50~53쪽.

22 완전한 제목은「한 번의 주사위 던지기는 결코 우연을 폐지하지 않으리라Un coup de dés jamais n'abolira le hasard」이다. 번역과 해설은 스테판 말라르메, 김경란 옮김,「주사위 던지기」및 김경란,「「주사위 던지기」읽기」,『외국문학』, No. 53(1997년 12월), 236~255, 301~309쪽 참조.

23 에이젠슈테인은『회고록』(「나는 어떻게 감독이 됐는가」장)에서 다음처럼 적고 있다. "내 창작 이력 초반에 그런 종류의 사과 하나가 꽤 짓궂은 방식으로 내게 도움을 줬다. 그런데 그것은 사과가 아니라 한 소년의 둥글고 환한 얼굴이었다. 일곱 살배기 소년은 프로레트쿨트 노동자 극장 좌석 안내원의 아들이었다. 리허설 룸에 자주 드나들던 그 꼬맹이의 얼굴을 어느 리허설 중에 우연히 보게 됐다. 그 소년의 얼굴이 마치 거울인 양 무대에서 일어나는 것 일체를 흉내 내는 것을 보고 충격을 받았다. 게다가 간이 무대 위에서 이루어지는 한 인물 혹은 여러 인물의 몸짓이나 행위뿐만 아니라 전부, 모든 인물의 몸짓과 행위를 흉내 내고 있었다. 당시에는 바로 이 동시성이 가장 놀라웠다." S. M. Eisenstein, *Mémoires 1*(Paris: Union Générale d'Editions, 1978), pp. 236~237.

에이젠슈테인은 1923년 «레프LEF»지에 「어트랙션 몽타주」를 발표한다. 거기서 어트랙션이란 관객의 경험에 작용하는 감각이나 심리 등을 관객의 마음속에 불러일으키는 것과 같은 연극의 공격적 요소로서, 서커스·뮤직홀·전시에서 관객을 끌어당기는 구경거리의 성질을 가리킨다. 이듬해 10월에는 「영화에서 어트랙션 몽타주」를 집필하는데, 이때 어트랙션 몽타주는 사실들 내지 주제들의 충격이나 충돌로 묘사된다. 어트랙션 몽타주는 두 단편의 편집을 통해 필름의 연속성 안에 단절을 만들어냄으로써 관객으로 하여금 생각을 하게 하는 효과를 내는 것이다. S. M. Eisenstein, "Le montage des attractions," *Au-delà des étoiles*(Paris: Union Générale d'Editions, 1974), pp. 115~126. 발췌 번역은 정일몽 옮김, 「부록2: 어트랙션 몽타쥬」, 『영화의 형식과 몽타쥬』(영화진흥공사, 1994, 309~314쪽. 그리고 "Le montage des attractions au cinéma," *Au-delà des étoiles*, pp. 127~144.
자크 랑시에르, 『무지한 스승』, 139쪽, 그리고 자크 랑시에르, 『해방된 관객』, 35쪽 참조.

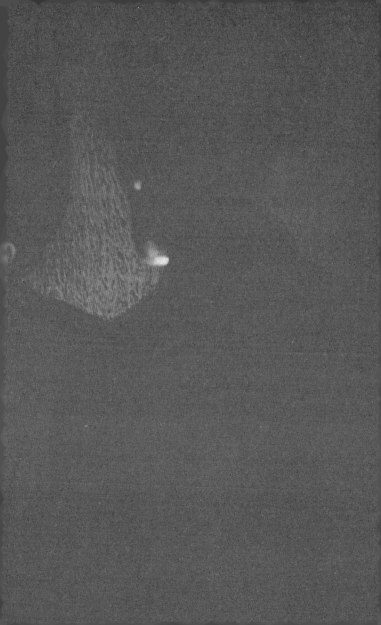

T
Tim
Cin

e

s of

ema

영화의 시간들

영화의 시간들에 관한 아래의 언급은 시간의 허구들을 탐구하는 폭넓은 연구의 일환이다. 나는 시간적 관계를 구조화하는 형식들, 그리고 (정치와 역사는 물론이거니와 문학과 예술에 대한 우리의 지각 방식을 구조화하는) 시간적 연쇄의 합리성 양식들을 '시간의 허구들'이라고 부른다.[1] 이 정의는 허구에 관한 통념의 재정의를 수반한다. 우리는 (상상적 존재의 발명으로 이해되는) 허구와 행위의 현실—특히 세계를 변혁하는 정치 행위의 현실—을 대조하곤 한다. 하지만 알다시피 아리스토텔레스 이래로 허구는 상상적 존재의 발명을 훨씬 뛰어넘는다. 허구는 합리성의 구조이다. 허구는 사물·상황·사건을 지각 가능하고 이해 가능하게 하는 제시 양식이다. 그리고 허구는 사건들 사이에 공존·잇달음·인과성의 형식을 구축하고, 이 형식에 가능·현실·필연의 양상을 부여하는 연쇄 양식이다. 그런 뜻에서 허구는 현실감—소여[주어진 것]의 이념 그리고 소여의 합리성의 이념—을 창출해야 할 때면 언제나 필요하다. 정치인, 언론인, 사회과학자는 그들이 이처럼 말해야 할 때마다 허구를 이용한다. 주어진 상황은 이렇습니다, 상황이 그런 이유는 이렇습니다, 이 상황에서 우리가 예측할 수 있는 미래는 이것입니다. 그래서 허구는 예술과 정치학 내지 사회과학이 맺는 관계를 사고하는 우리의 방식을 변화시키는 데 유용할는지도 모른다. 소설·희곡·필름을 사

회적 원인의 효과로서 분석하는 대신, 문학적·연극적·
영화적 내레이션[서술] 형태들을 사실의 제시, 시간의
구조화, 합리적 연쇄의 모델로 분석하는 게 흥미로울
수도 있다. 이 모델은 정치학이나 사회과학에서 작동하
는 소여, 시간의 구축, 인과적 합리성의 제시 양식을 이
해하는 데 도움이 될 수 있다.

　　이와 같은 전망에서 나는 필름 세 편에 대해 이야
기할 것이다. 이 세 필름은 영화사의 상이한 세 순간에
속한다. 1920년대의 실험적 순간, 1940년 언저리의 고
전기 할리우드 순간, 동시대의 순간. 이들 필름은 저마
다 그것의 시간에 관해 곧 그 필름이 제작된 역사적 순
간에 관해 우리에게 말한다. 필름들은 20세기 역사에
흔적을 남긴 희망과 갈등, 환멸과 재앙을 다양한 방식
으로 증언한다. 하지만 또한 더 중요하게도 필름들은
그것의 시간에 대해 말하려고 시간성의 영화적 형식들
을 사용한다. 이 필름들에 나타나는 몇몇 중요한 순간
을 보면서, 나는 각기 다른 시간적 선들—필름들[의 이
미지 연쇄]에서 작동하는 시간성의 구축 양식, 영화사
에서 이 양식의 변환, 그 양식이 속하고 표현하려 하
는 전반적 역사와 그 양식이 맺는 관계—이 맺는 복잡
한 관계를 보일 기회를 가질 것이다. 나는 영화가 자신
이 속한 시간을 이야기하기 위해 영화의 가장 본질적
인 원천 말하자면 각기 다른 시간들을 하나의 시간 안

영화의 시간들

으로 집어넣는 영화의 능력을 어떻게 사용하는지 보이고 싶다. 내가 고른 세 영화적 순간은 시간성을 구축하는 다양한 방식(연속성과 단편화, 연쇄와 반복, 잇달음과 공존) 사이에 다수의 조합을 실행한다. 결국 그러한 조합은 역사적 시간을 파악하는 다양한 방식을 제공한다. 나는 그 조합이 시간성의 세 주요 형식(서사의 시간, 퍼포먼스의 시간, 신화의 시간) 사이 긴장을 통해 그렇게 할 수 있음을 보이려고 시도할 것이다.

'모더니티' 해석을 구축할 때 내가 참조한 작품 즉 베르토프의 ‹카메라를 든 사나이›에서 다시 한 번 출발할 것이다. 그 작품은 새로운 영화 매체와 혁명이라 불리는 대규모 사회 실험이 연접한 순간에 관한 가장 현저한 증언으로 남아 있다. 처음부터 그 필름은 급진적인 시간적 동질성을 긍정한다. 필름은 아무 스토리도 이야기하지 않는다. 그것은 "진상을 영화적으로 소통하는 실험an experiment in the cinematic communication of real facts"이다.[2] 이 용어들은 액면 그대로 받아들여야 한다. 영화는 영화 바깥에 존재하는 현실에 관한 정보를 제공하도록 운명 지어진 언어가 아니다. 이 언어의 단어들은 현실 자체다. 그 단어들은 일상생활과 노동에서 빌려온 순간, 운동, 몸짓이다. 소통은 정보 전달이 아니라 연결을 뜻한다. 영화에서, 소통은 운동을 뜻한다. 따라서 "영화적 소통"은 모든 운동이 그 안에서 함께 연결되는 전반적 운동을 구축하는 것으로 이루어진다. 말하자면, 그것은 운동 기계를 써서 모든 운동을 동원한다는 뜻이다. 영화적 언어는 신체와 기계의 다수 운동 활동들을 단 하나의 총체성으로 결집하는 운동 덕분에 공산주의의 감각적 현실을 구축하고, 새로운 삶의 감각적 직조를 구축한다. 이는 또한 새로운 [영화적] 언어가 이미지의 언어 이상이라는 뜻이며, 몽타주가 (장-뤽 고다르Jean-Luc Godard가 〈영화의 역사(들)Histoire(s) du cinéma〉에서 말하는 식으로) 단순히 멀리 떨어진 이미지들을 근접시키는 방식이 아니라는 뜻이다.[3] 몽타주는 시간들times을 근접시키는 방식이다. 즉 다수의 시간성을 유일한 시간적 흐름 안에 집어넣는 것이다.

베르토프는 하나의 시간 단위 안에서 이 공통의 시간을 수립한다. 이 시간 단위는 아침의 기상에서 사무실·상점·공장의 노동일을 거쳐 저녁의 여흥에 이르는 하루의 기간으로 주어진다. 나는 발터 루트만Walter Ruttman의 〈베를린: 대도시의 교향곡Berlin: Die Sinfonie der Großstadt〉[1927] 같은 '다큐멘터리' 필름과 조이스의 『율리시스』및 울프의『댈러웨이 부인』같은 문학 작품에 공통된 이 시간 단위의 의미에 관해 앞서 설명했다. 베르토프의 영화 '실험'은 시간성에 관한 오랜 아리스토텔레스적 위계를 폐지하고 평등주의적 공존의 시간을 발명한 '근대 소설'의 논리를 따른다. 평등주의적 공존의 시간은 여하한 개인의 삶을 위계 따위는 전혀 모르는 위대한 무명의 삶과 연결하는, 모두 똑같이 의미가 있거나 없는, 다수의 감각적 사건으로 이루어진다. 베르토프는 새로운 허구의 민주적 시간을 모든 활동이 그 안에서 엮이는 공산주의적 시간의 구축과 동일시한다. 필름은 아침의 기상에서 저녁의 여흥으로 진행되기는 하지만 시각의 잇달음을 쫓는 연대기가 결코 아니다. 필름은 공통의 시간의 구축이다. 공통의 시간이란 하루의 모든 활동을 동기화하는 동시적 시간을 뜻한다. 이 구축은 몽타주를 통해 이루어진다. 몽타주는 그 모든 활동을 매우 짧은 단편들로 자른 뒤, 그것들이 서로에 침투하여 매우 빠른 집단적 리듬 안에서 함께 진행될 수 있도록 단편들을 짜 맞춘다. 이것의 작동 방식을 이해하기 위해, 필름 중간에 대편성 손짓 교향곡을 구성하는 식으로 짜 맞춰진 몇몇 시퀀스를 볼 만하다. 미용실에서 손톱을 손질하는 몸짓, 이발소에 있는 이발사, 집에서 바늘을 갖고 일하는 혹은 작업장에서 재봉틀을 갖고 일하는 재봉사, 주판과 돈서랍을 사용하는 출납원, 길거리의 구두닦이, 교통 표지판의 방향을 바꾸는 경찰관, 담배 공장에서 담배를 포장하는 여성 노동자, 타자수 부서의 타자수 등.

이 운동 교향곡에서 우리에게 인상적인 것은 극단적인 단편화이다. 채 4분도 안 되는 시간에 대략 120개

숏이 등장한다. 뒤에 가면 운동은 (이중 노출을 계산에 넣지 않고도) 25초에 35개 숏이 나오는 빠르기에 도달한다. 이제 이 단편화의 기능과 의미에 관해 두 가지를 언급해야겠다. 부분적으로 죄르지 루카치György Lukács에서, 부분적으로 벤야민에서 영감을 받은 널리 퍼진 해석에서 이 단편화는 모더니티의 특징인 '경험의 상실', 경험의 요소들을 조정하는 데 소질 없음을 보여주는 명백한 증거로 간주되어왔다. 하지만 이 필름에서 단편화는 상실이나 방향 감각 상실에 대한 경험이 결코 아닌 것으로 나타난다. 그 정반대이다. 요소들이 단편화될수록 그것들은 원인과 결과의 오래된 내러티브 연쇄보다 훨씬 더 엄격한 합리적 연쇄의 형태로 전체에 더 접속될 수 있다. 하지만 이 엄격함에 대한 지각은 그와 대칭적인 오해로 이어질 수도 있다. 단편화된 몸짓들의 포괄적 접속을 테일러주의 논리와 동화하는 잘못된 해석으로 말이다. 나는 베르토프가 작동시킨 단편화가 정확히 그 반대임을 앞서 보여주었다. 하나의 과제를 일련의 보충 작업으로 잘게 쪼개는 대신, 단편화는 하나의 과제 안의 모든 차이 그리고 과제들 사이의 모든 차이를 제거한다. 단편화는 그 과제들[모든 활동]을 동일한 운동 단위로 만들어 유일한 감각적 연속체 안에 병합한다. 이를 위하여 단편화는 운동과 몸짓의 종별성을 삭제한다. 단편화는 운동과 몸짓을 그것들의 고유한 목적에 의해 결정된 시간성에서 분리하고 그것들이 속한 삶의 형태들의 위계에서 분리한다. 그래서 미용실에서 부유한 여성의 손톱을 손질하는 손톱 관리사의 작업, 담배 공장 조립 라인 노동자의 작업, 길거리 구두닦이의 작업, 전화국 교환원의 작업은, 어떤 것은 낡은 부르주아 세계에 속하고 또 어떤 것은 새로운 산업 사회주의 세계에 속함에도, [그 모두가] 등가적으로 된다. 그것들은 하나같이 같은 현재에 이루어지는 수작업들이다. 그 작업들을 모두 등가로 만들거나 그것들에서 동질적 연속체를 만들어내는 데는 그것들을 단편으로 만들어 가속화하기만 해도 충분하다. 그 점과 관련하여 다른 영화적 장치(이중 노출)의 사용에 주목할 필요가 있다. 1920년대 표현주의 영화에서 이중 노출은 대개 두 세계(산 자의 세계와 죽은 자의 세계)의 섬뜩한uncanny 마주침을 설정할 때 사용되곤 했다. 이중 노출은 특정 캐릭터 곧 유령이나 뱀파이어, 산 자들의 시간 속에 얽힌 지난 시간의 거주자에게 살을 부여한다. 베르토프의 필름들에서는 사정이 그 정반대이다. 오버랩은 과거와 그 그림자를 절대적 현재의 동등한 빛 속으로 사라지게 한다. 오버랩은 신체의 몸짓 일체를 동등한 운동 단위들로 환원함으로써 오직 하나의 시간만 있음을 증명한다. 시간의 모든 차원은 대문자 운동Movement으로 환원될 수 있으며, 모든 운동은 동질적이고 등가적이다.

모던 타임스

이런 식으로 [베르토프의] 필름은 당대에 요구되던 과제를 완수하고 새로운 삶의 공통된 시간성을 직조한다. 그 필름은 원인/결과 논리에 기반을 둔 재현적 허구의 시간성에 대해 미적 모더니티 특유의 종별적 시간성인 퍼포먼스의 시간성을 맞세운다. 고다르는 다수의 조합에 개방된 이미지의 힘과 할리우드 산업이 부과한 플롯의 구속을 대립시킬 때 다음의 측면을 간과했다는 게 내 생각이다. 영화 이미지는 다름 아닌 시간의 파편으로서 변신 게임에 개방되어 있다는 사실 말이다. 고다르가 이미지와 플롯을 대립시킬 때 [또] 망각한 것이 있다. 미적 모더니티가 오래된 스토리[이야기] 논리에 맞세운 시간적 형식은 퍼포먼스의 형식 다시 말해 일련의 변신을 펼치고 겪은 뒤 다시 자기 안으로 접히는 운동 형식이라는 사실 말이다. 그런 의미에서 영화적 하루의 구축은 퍼포먼스의 구축이다. 그래서 베르토프는 이전 필름에서 특정 퍼포먼스—일련의 변신을 연출하여 아이들에게 즐거움을 주는 마술사의 트릭—를 끌어다가 영화적 하루에 눈에 띄게 포함시킨다. 또한 그래서 그 하루의 시간은 다른 시간([영화적 스펙터클인] 무비movie의 시간) 안에 에워싸인다. 필름은 영화관 movie theatre에서 시작하며, 필름 말미에 그 하루의 교향곡이 그것의 실제 배우(일상 활동을 하는 가운데 카메라에 포착된 무명의 캐릭터)인 관객에게 상영되는 곳도 영화관이다. 이 야간 상영은 사실 다수의 순간을 집단적 운동을 나타내는 소수의 상징으로 환원하기로 되어 있다. 새로운 접속을 쉴 새 없이 만들어내는 전화국 교환원의 몸짓, 물레의 운동에 오버랩 되는 여성 노동자의 미소, [여성] 지휘자의 몸짓, 시각적 제창齊唱 속에 어우러지는 나팔수의 이미지, 집단 교향곡의 역동성을 표현하는 발레리나의 무용, 심지어 상자에서 스스로 빠져나와 청중에게 격식을 갖춰 인사하고는 다시 상자 속으로 돌아가는 카메라까지. 옛날의 감상적 스토리의 시간과 대비되도록, 공산주의적 삶의 위대한 만장일치 교향곡은 펼쳐졌다가 다시 자기 안으로 접히는 순수 퍼포먼스의 시간과 동일시돼야 한다.

새로운 공산주의적 삶과 평등 운동의 즐거운 교향곡을 이렇게 동일시하는 방식은 많은 비판을 불러일으켰다. 나는 그 비판 가운데 하나에만 초점을 맞춰보겠다. 더 정확히 말하면, ‹카메라를 든 사나이›보다 1년 뒤에 만들어졌으며 그 필름을 사실상 논박했다고 볼 수 있는 필름에 초점을 맞출 것이다. 에이젠슈테인의 ‹총노선The General Line›(원제는 ‹낡은 것과 새로운 것Cтapoe и нoвoe›)[1929].⁴ 그 필름은 두 시간과 두 삶의 형태를 명확하게 대립시킨다. 에이젠슈테인은 자신의 동료 베르토프에게 미용실의 손톱 손질과 조립 라인의 노동을 하나의 공통 리듬으로 끌고 가는 즐거운 교향곡 따위는 없음을 보여준다. 구세계의 리듬과 신세계의 리듬이 있다.[5] 하지만 그것이 다는 아니다. 신세계의 리듬을 구별짓는 것은 [그 리듬이] 동기화되어 더 빨리 진행된다는 사실에 있지 않고 더 미친 듯이 날뛴다는 사실에 있다. 낡은 것은 구식 경작법으로 이루어진다기보다는 [기우제를 올리면서 무릎 꿇고 엎드려 절하는] 종교 의례의 광란으로 이루어진다. 새로운 것은 기계들의 완벽한 자동운동으로 이루어지지 않는다. 그 정반대이다. 목을 빼고 기다린 트랙터는 시연 도중에 고장 난다. 수리를 돕는 마르파(긍지에 찬 콜호스[집단농장] 사람)는 그녀의 치마와 정숙을 희생해야 한다. 기계들은 사랑과 희생의 대상이다. 이 같은 식으로 크림 분리기는 성만찬 예배의 대상으로 변한다. 새로운 시간의 퍼포먼스는 마술사의 트릭이 아니다. 새로운 시간의 퍼포먼스는 대규모의 주신제酒神祭 의식이다. 에이젠슈테인의 필름에서는 황소의 결혼식이나 넘쳐흐르는 우유의 줄기가 그 의식을 예시한다. 에이젠슈테인에게 필름의 언어는 펼쳐졌다 다시 접히는 퍼포먼스의 언어가 아니다. 필름의 언어는 새로운 역사적 시간과 태곳적 신화의 시간을 소통시키는 원시 언어이다. 베르토프와 절대적 대비를 이루는 에이젠슈테인은 몽타주 작업을 시간들의 비동기화desynchronization로 만든다.

비동기화는 할리우드 [고전] 영화와 다른 방식으

로 작동한다. 고다르는 할리우드의 '꿈 공장[영화산업]'을 소비에트의 그것과 대조하기도 했다.⁶ 나는 필름 한 편을 통해 이 대조를 보이고 싶다. 그 필름은 겉보기에 전통적 서사 논리를 따른다. 그도 그럴 것이, [그 필름의] 시나리오는 동시대의 중요 이슈를 다루는 성공한 소설에서 가져왔거니와 스타 배우가 연기하는 메인 캐릭터를 중심으로 구조화됐다. 그 필름은 존 포드John Ford가 존 스타인벡John Steinbeck의 [동명의] 소설을 각색해 1940년에 연출한 ‹분노의 포도The Grapes of Wrath›이다. 그것은 더스트 볼dust bowl[모래 바람이 부는 건조지대]과 기계화 과정 탓에 토지를 버리고 이탈해야만 했던 오클라호마 농부들이 캘리포니아에서 자본주의 과수산업 트러스트에 의한 가혹한 농장노동자 착취와 맞닥뜨리게 되는 이야기를 다룬다. 하지만 나는 겉보기에 직선으로 뻗은 내레이션[이야기 진행]이 다른 시간성에 의해 그 시작부터 분열됨을 보이고 싶다. 그 다른 시간성의 영화적 구축이 폐가에서 이루어지는 다음 발췌 장면에서 작동하는 것으로 보일 수 있다. 막 출소한 톰 조드는 환속 사제인 케이시를 대동하고는 그 폐가에서 헛되이 자기 가족을 찾는다. 가족은 발견되지 않는다. 대신 조드는 또 한 명의 농부 뮬리를 만난다. 유령마냥 그 집에서 살던 뮬리는 조드에게 무한궤도 트랙터에 그[조드]의 농장이 파괴된 얘기를 들려준다.

그 시퀀스 전체는 두 충격-이미지를 중심으로 구조화되는 듯 보인다. 신화 속 괴물처럼 보이는 트랙터들의 도착, 가죽 장갑을 끼고 모자를 쓴 트랙터 운전사의 출현. 로-앵글 숏low-angle shot으로 잡힌 운전사 역시 괴물 같은 신화적 캐릭터로 변한다. 우리는 그 이미지들의 원본을 즉각 알아챌 수 있다. 그 이미지들은 에이젠슈테인이 카메라로 찬양하는 트랙터 부대와 새 시대 영웅의 정확한 복제물이다. ‹총노선›에서 트랙터는 집단 농업이 혁명의 적인 부농에게 승리를 거둘 수 있게 해주는 도구였다. ‹분노의 포도›에서 트랙터 운전사는 여전히 새 시대의 이미지를 구현한다. 하지만 이미지는 말하자면 편을 바꿨다. 영예로운 트랙터 운전사는 은행의 익명의 힘에 복무하는 도구가 되어, 농부들의 집을 쓸어버리고 그들을 몰아내기까지 한다. 모더니티의 이미지의 이러한 전도inversion에 관해 할 얘기가 많을 것이다. 그러나 나는 이 전도가 일어나는 시간성의 유형에 초점을 맞추기로 했다. 그리고 이 시간성이 두 가지 즉 필름이 이야기하는 스토리와 필름이 증언하는 역사적 과정 사이에 설정하는 시간성의 관계에 초점을 맞추기로 했다.

바로 이 순간 필름은 현저한 응축을 도입한다는 것이 중요하다. 소설에서는 [농부들의] 퇴거가 일어난 방식에 대해 종합적 설명이 주어진다. 필름에서는 뮬리라는 캐릭터의 시선에서 스토리를 바라본다. 하지만 이 캐릭터는 빈집에서 무로부터 나오는 것처럼 보인다. 거기서 양초 불빛은 어둠에 묻힌 얼굴을 희미하게 비춰 줄 뿐이다. 오직 미세한 소음에 의지해 톰과 그가 손에 든 양초는 뮬리의 환각에 빠진 얼굴 쪽으로 향한다. 그 얼굴에는 뮬리가 겪어온 사건이 떠나지 않고 출몰하는 듯하다. 먼저 뮬리는 격앙된 독백의 형태로, 거의 셰익스피어적인 어조로 그 사건을 환기한다. 그다음 뮬리의 시선 방향을 따라 화면은 디졸브 되는데, 이는 그림자들의 대화[가 이루어지는 현재]와 퇴거[가 진행됐던 순간에 관한] 내레이션을 매우 특별한 방식으로 접속하는 것 같다. 우리는 무슨 일이 벌어졌는지를 보는 게 아니라 뮬리의 망막에 새겨졌다가 지금 그의 얼굴 전체에 출몰하는 것을 보고 있는 것만 같다. 이처럼 스토리의 출발점인 [농부들의] 퇴거 사건은 이 유령 같은 캐릭터의 뭔가에 홀린 시선과 환각에 빠진 목소리에서만 존재한다. 그 유령 같은 캐릭터가 펼치는 8분간의 퍼포먼스는 필름 전체의 동력을 결정하고는 영원히 사라진다.

모든 것은 마치 이 일시적 퍼포먼스와 더불어 스토리와 역사 사이 관계가 둘로 분열되는 것처럼 일어난다. 퇴거는 조드의 가족과 전직 목사를 캘리포니아로 보내게 될 사건이다. 하지만 이 사건은 그 땅을 떠나지 않을 개인의 악몽 내지 트라우마로서 시각적으로만 존재했던 게 될 것이다. 역사는 그 개인에게 타격을 가했을 뿐 아니라, 바로 그 때문에 행위를 그 행위의 목적으로 이끌고 스토리를 그 스토리의 결론으로 이끄는 서사 조합에서 그 개인을 빼낸다. 역사의 경과를 표식하는 이 8분은 플롯에서 떨어져 나가 조연 배우의 퍼포먼스에게 맡겨진 단편으로 나선다. 그 조연 배우는 몇 분 안 되는 동안 제 자신의 필름을 만들었던 게 될 것이다. 사실 이 조연 배우는 아무나가 아니다. 그는 미국 역사와 미국 전설의 한 순간을 나타내는 상징이다. 존 쿠알른John Qualen[뮬리 (뮬리 그레이브스Muley Graves) 역]은 노르웨이계 배우로서, 아메리카 신세계에 터를 잡은 이주민 농부 역을 30년간 연기했다. 7년 전에는 킹 비더King Vidor의 필름 ⟨일용할 양식Our Daily Bread⟩[1934]에 출연했다. 루스벨트 대통령 시대 초기에 제작된 그 필름은 직장을 잃고 도시를 떠나 우애적 농업 공동체에서 새 삶을 찾는 노동자들을 그렸다. 그 필름의 절정—공동체 전체가 땅에 물을 대기 위해 수로를 파려고 애쓰는 장면—은 소비에트식 공동체 개척 플롯의 아메리카식 복제와 닮았다. 우리는 동일 배우가 구현하는 우애의 꿈이 7년 뒤 ⟨분노의 포도⟩에서 깨졌음을 목도한다.

이런 식으로 뭔가에 홀린 이의 독특한 퍼포먼스는 역사의 상처들을 외화면off-screen 시간, 역사적 시간 바깥의 시간, 신화의 시간에 접속한다. 뮬리의 환각적 환영은 소비에트의 트랙터 운전사 서사시를 뒤집는다. 뮬리의 퇴장은 역사를 만드는 자와 역사를 수동적으로 겪는 자를 대립시키는 베르톨트 브레히트Bertolt Brecht의 플롯에 공명한다. 포드의 필름은 브레히트의 ‹억척 어멈과 그 자식들Mutter Courage und ihre Kinder›[1941]과 정확히 동시대 작품이다. 그 작품[‹억척 어멈과 그 자식들›]은 이윤의 논리에 따른 반인간적 전쟁에 자신이 복무하고 있음을 못 본 체하는 여성의 이야기이다. 1950년대에 롤랑 바르트Roland Barthes는 그 연극의 변증법적 효과를 인상적인 정식으로 요약했다. “우리는 억척어멈이 맹목적이라는 것을 보기 때문에 그녀가 보지 못하는 것을 본다.”**7** 하지만 포드의 필름에서 시간들의 분열은 우리에게 상이한 변증법을 제공한다. 뮬리가 거기서 등장했다가 거기로 사라지는 외화면 시간은 (자각과 행위의 시간과 대비되는) 무지와 동의의 수동적 시간성이 아니다. 그것은 구제할 수 없는 것the irreparable을 기입하는 시간이다. 이 시간은 겉보기에 집단적 구원의 스토리라면 무엇이든 기각하는 것 같다. 그것은 또한이 스토리들에 양립할 수 없는 것the irreconcilable의 표식을 새기는 시간이다. 스토리의 바른 경로에 다른 플롯이 덧대어진다. 한편, 필름은 농지 이탈 때문에 계급투쟁의 현실을 깨닫고 노동 계급 투사로서의 의식을 발견한 농부의 스토리를 들려준다. 하지만 어둠에서 빛으로

모던 타임스

옮아가는 이 경로에 그림자들의 스토리가 덧대어진다. 즉 밤에서 밤으로, 희미한 빛에서 희미한 빛으로, 하나의 환각에서 다른 환각으로 진행되는 스토리가. 필름 후반부에 톰은 밤중에 양초로 불 밝힌 텐트 안에서 환속 사제인 케이시와 재회한다. 케이시는 노동조합의 리더가 됐고 머지않아 트러스트의 수하들에게 살해당한다. 또한 밤중에 톰은 어머니에게 작별을 고한다. 그는 미래에 남성과 여성이 자신들의 위엄을 위해 싸우게 되는 곳이라면 어디에나 있겠다고 약속하면서 어둠 속으로 사라진다. 이런 식으로 미래의 투사는 결국 비가시적 현존이 된다.[8] 뮬리가 [일순간] 모습을 드러냈다가 영원히 사라진 바로 그 밤 속으로 침잠한 그림자가 되는 것이다.

밤에서 밤으로, 그림자에서 그림자로 옮아가는 이 여행은 가혹한 계급 착취에 관한 증언의 폭력을 지워버리지 않는다. 그 정반대이다. 증언은 톰·케이시·뮬리의 세 환각적 신체가 토지를 빼앗긴 농부들의 이탈에 제공하는 신화적 차원을 통해 더 급진적으로 된다. 시간들의 이러한 얽힘은 고다르가 그린 개념 프레임 안에서는 말하자면 사방으로 열린 이미지와 이미지의 변신 가능성을 제거하는 플롯 사이 대립 안에서는 사고될 수 없다. 오히려 영화적 플롯은 상이한 '이미지성imageness' 체제들[9] 사이의 긴장으로 구성된다. 그 체제들의 마주침과 충돌은 동일한 시간적 연속체 안에 상이한 시간성들을 창출해낸다. 필름은 계급투쟁을 두 방식으로 그린다. 필름은 처음에는 계급투쟁을 무지에서 앎으로, 행복에서 불행으로 이행하는 아리스토텔레스 모델에 따라 그린다. 하지만 필름은 또한 계급투쟁을 어둠 속에서 번쩍이는 불빛들의 환각적 계열의 반복으로 그린다. 동일한 지속 기간을 공유하는 두 시간성의 이접disjunction을 통해 계급투쟁을 그리는 것이다. 바로 이 이접을 통해 필름은 역사의 충격을 증언한다.[10]

하지만 이 이접은 고전적 틀 안에서 일어난다. 이접과 관련해 '고전적'이라 함은 선형적 스토리와 그 스토리를 움직이는 간극·정체·현기증 사이 균형을 말한다. 헤겔식 전통에서, 예술의 고전적 순간은 예술의 형식과 내용이 일치하는 순간이다. 영화에서 고전적 순간은 움직이는 이미지들moving images의 예술이 그 이미지들의 연속적 운동 안에 그것과 모순되는 시간적 간극[또는 현기증]을 포함시킬 수 있는 순간으로 정의될 수 있다. 이 평형은 역사적 순간—갈등하는 힘들이 쉬이 눈에 띄고 해석 가능해지는 평형 상태에 놓이는 순간—의 표현으로서 사고될 수 있다. 이것이 고전 영화 시대와 상징 영화 시대가 서로 다른 점이다. 고전 영화 시대는 저 자신의 수단을 가지고 신세계의 감각적 직조를 구축하겠다고 나섰던 것이다. 헤겔식 논리에서, 고전적 순간 다음에는 형식과 내용이 다시 결별하는 낭만적 순간이

온다. 더 동시대적인 격자로 보자면, 이 고전적 모더니티는 포스트모던한 순간과 자주 대비됐다. 포스트모던한 순간에서는, 20세기의 대재앙 속에서 그리고 역사[의 진화]와 사회[의 갈등]를 해석하는 대서사의 붕괴 속에서 사회적 관계 상태에 관한 플롯을 구축할 가능성이 소멸됐다. 하지만 이른바 포스트모던한 서사는 우리의 현재를 설명하려고 시도하는 필름들이 보여주는 시간적 엉킴과 복잡성을 설명하지 못한다는 게 내 생각이다. 벨라 타르Béla Tarr에 관해 쓴 책[11]에서 나는 그의 필름들이 공산주의가 종언을 고하는 시간과 공산주의가 시작되는 시간을 엮어내는 복잡한 방식을 보이려고 애썼다. 그 필름들은 새로운 것의 가능성이 반복의 시간에서 나오게 하는 내레이션 형식을 사용했던 것이다. 이제 나는 어느 필름의 한 시퀀스에서 발견되는 시간성의 다른 조합에 초점을 맞추고 싶다. 그 시퀀스는 허구의 시간과 연대기의 시간 사이 관계에 관한 낡은 아리스토텔레스적 문제를 새로운 방식으로 설정한다.

그것은 〈행진하는 청춘Juventude em Marcha〉[2006]이라는 필름이다.[12] 이것은 포르투갈의 영화감독 페드로 코스타Pedro Costa가 몇몇 카보베르데 이주민과 리스본 변두리에 사는 몇몇 아웃사이더의 삶을 다룬 필름 연작 네 편에 들어간다.[13] 그 필름들은 베르토프의 운동 교향곡을 출발점으로 하고, 포드식의 계급투쟁 재현을 중

계지로 하는 궤적의 종착지로 보일 수도 있다. 그 필름들은 일 없고, 노동 계급이나 계급투쟁 없으며, 결국 내일에 대한 아무 기대도 없는 노동자들을 보여준다. 그래서 노동 계급 없는 이 노동자들에 걸맞은 유일한 시간성은 연대기의 비역사적 시간성이어야 할 것처럼 보일지 모른다. 아리스토텔레스가 비극적 허구의 시간성과 대립시켰고, 루이 알튀세르Louis Althusser가 피콜로 극장에 관해 쓴 논문에서 브레히트 연극의 변증법적 합리성과 대립시킨 시간성 말이다.[14] 한눈에, 이 연대기적 시간은 코스타가 수년간 먼저 판자촌에서, 나중에는 판자촌 거주민들이 철거 이후 입주한 화이트 큐브에서 진행한 조사에 딱 들어맞는 것 같다. 일상의 시공간에 대한 이 같은 몰두를 적절히 상징하는 것이 그 필름 연작 두 번째의 제목 〈반다의 방No Quarto da Vanda〉[2000]이다. 이 필름은 그 방에서 보낸 2년의 결과물이다. 그 방에서 반다, 그녀의 여동생, 그녀의 친구들은 마약을 흡입하려고 준비하면서 자신들의 삶에 대해 끝없이 토론한다. 같은 방식으로 〈행진하는 청춘〉은 그의 캐릭터들, 특히 메인 캐릭터인 카보베르데 출신 석공 벤투라의 느릿한 시간을 쫓는 것 같다. 일상의 소소한 장면들, 일하다가 사고를 당한 이야기, [동료 렌토와 벌이는 카드 게임], 가상의 가족의 거처를 마련하려고 공영 아파트를 얻기 위해 임대 주택 심사 직원과 잡은 약속, 갖가지 방문 그리고 대화들. 그런 일상적 장면은 순수한 다큐멘터리 소재처럼 보일 수도 있다. 하지만 정확히 말하면, 이것은 다큐멘터리 필름이 보통 작동하는 방식과 다르다. 다큐멘터리의 통상적 논리는 다음처럼 요구한다. 서둘러라. 우리가 사회적 상황을 특정지을 수 있게 해주는 기호들, 우리가 본 것을 사회적 관계 및 그 관계의 역사적 전개에 대한 개관이나 일반적 해석과 연결할 수 있게 해주는 기호들을 선별하라. 하지만 코스타는 이런 일을 하지 않는다. 이와 반대로 그는 자신의 캐릭터들과 너무 많은 시간을 보낸다. 이 초과-시간extra-time은 캐릭터들의 조건에 관해, 그들이 그런 조건을 겪는 이유에 관해 더 얘기해주는 게 없다. 대신 초과-시간은 캐릭터들의 신체에 소란을 일으키는 힘을 부여한다. 그 힘으로 말미암아 우리는 상황, 그것의 원인, 그것이 체험되는 방식, 이 모든 것에서 도출할 수 있는 결론들을 잇는 정상적 접속들에 대한 감각을 잃게 된다. 특히 그 소란의 결과, 시간 연속체 안에 그 장면들을 정렬하기 어려워진다. 현재의 비구분 속에서 제시되는 한 장면은 과거의 상기로서만 이해 가능해 보인다. 다른 에피소드에서 우리는 벤투라가 동료와 함께 일터에 갈 채비를 하고 난 다음 굴벤키안 미술관에 걸린 두 초상화[15] 사이에 홀로 서 있는 모습을 본다. 이제 나는 필름 말미에 위치한 이 시간적 단절 가운데 가장 이상한 단절에 초점을 맞춰보고 싶다. 벤투라는 친구 렌토를 방문한다. 렌토는 벤투라에게 자신이 화재로 아내와 네 아이를 잃은 사정을 이야기한다. 그는 자신들의 비참한 생활 조건에 절망한 나머지 스스로 [매트리스에 성냥불을 던져] 불을 지른 것이다.

이 대목에서 논평할 가치가 있는 첫 번째 것은 두 공간과 두 시간을 분리하는 갑작스러운 중단이다. 바로 앞 장면에서 벤투라는 판자촌에서 자신의 가상의 아이 중 한 명을 막 방문하고 나와 칙칙한 거리에 있었다. 그리고 그는 새로 지었지만 이미 파손된 공영 아파트의 복도에 있다. 그다음 화면에서 갑작스러운 폭발이 일어난다. 불에 탄 고동색 문짝과 그 부풀어 터진 흠집이 전 표면을 차지하며, 우리를 다른 시공간으로 들어가게 한다(〈노스페라투Nosferatu〉[1922]에서 다리를 건너는 장면과 비슷한 것이다).[16] 명백히 문짝 뒤에는 유령이 없다. 오직 벤투라의 동료 렌토가 있다. 우리는 필름 내내 그것을 봐왔다. 영화감독은 이 건장하고 왠지 둔한 인물을 고양이같이 거칠면서도 기품 있는 벤투라라는 인물과 줄곧 대비시켜왔다. 벤투라 앞에서 렌토는 투박한 문맹 이주노동자로 분했다. 벤투라는 렌토에게 카보베르데에 남아 있는 그의 애인에게 보낼 연애편지 텍스트를 가르치려고 시도했지만 허사였다. 하지만 렌토는 이제 이 거친 외양을 탈피한다. 그는 〈분노의 포도〉의 퓰

리와 같은 식으로 밤에서 나온 예언자가 된다. 그는 벤투라의 손을 잡는다. 두 사람은 연극 무대 위 배우처럼 우리 앞에 선다. 둘의 대화는 비극적 시편의 어조로 번갈아가며 이루어진다. 나중에 렌토는 내내 외울 수 없었던 연애편지를 자랑스럽게 암송한다. 중간에 그는 격식을 갖춘 동일한 어조로 화재에 관해 그리고 불을 피해 자신의 아내와 아이들과 함께 창문을 통해 필사적으로 뛰어내린 일에 관해 우리에게 이야기한다.[17]

그것은 연대기의 시간성으로부터의 급진적 이탈이다. 하지만 그것은 또한 서사적 연속성의 여하한 논리로부터의 이탈이기도 하다. 왜냐하면 우리가 [필름 속에서] 여태껏 보아온 렌토에게는 아이가 없으며, 그의 아내는 아직 아프리카에 있기 때문이다. 게다가 필름은 렌토가 벤투라와 함께 살던 판잣집에 전선망을 연결하려고 전봇대에 올라갔다가 떨어져 죽는 광경을 이미 보여준 것이다. 이 에피소드를 필름의 [서사적] 연속체에 연결할 수 없기에 우리는 필름의 단편적 형식과 느린 페이스로 말미암아 애매하게 남은 것이 무엇인지 분명히 깨닫는다. 우리가 보는 에피소드들은 카메라가 녹화한 그들의 일상생활 순간들이 아닌 것이다. 그 에피소드들은 허구이다. 매우 특정한 유형의 허구이다. 배우가 연기하는 가상의 캐릭터에 관한 스토리가 아니다. [브레히트의 ‹제3제국의 공포와 비참Furcht und Elend des

Dritten Reiches⟩(1938)의 방식으로] 배우들의 삶 그리고 자본주의 유럽의 메트로폴리스에서 이주노동자들이 처한 운명을 공유하는 자들의 삶을 응축하는 작은 장면들이다. 렌토가 들려주는 이야기는 그의 이야기가 아니다. 화재 사건은 필름 촬영 기간 어느 카보베르데 이주민 가족에게 [실제] 일어났던 일이다. 그 사건은 벤투라와 렌토가 배우로서가 아니라 신체들로서 즉 역사의 표식과 상흔이 새겨진 신체들로서, 그리고 이 때문에 공통의 운명을 상징할 수 있는 신체들로서 상연하는 퍼포먼스에 포함됐다.[18]

　　포드의 허구적 농부가 그랬던 것처럼 코스타의 '진짜' 노동자들도 마찬가지이다. [즉] 그들의 퍼포먼스는 역사의 폭력이 외화면 시간에 위치하는 한 그 역사의 폭력을 증언한다. 우리가 필름에서 보는 렌토는 일종의 산송장이다. 지옥에 거주하다가 우리 세계로 돌아와서는 우리 세계에 존재하는 지옥을 증언하는 자이다. 렌토의 어두운 신체는 그의 조건을 공유하는 모든 이의 삶이 있는 그대로 그러니까 [삶과 죽음의 경계에 매달린 삶으로,] 산송장의 삶으로 지각될 수 있는 기입 표면이 됐다. 렌토는 삶 너머에 위치한 자리에서 말하는 지옥의 거주자이다. 렌토는 신분증, 사회 보장 카드, 공영 아파트를 획득한 벤투라의 이력을 심판할 수 있다. 하지만 그는 자본주의적 착취가 그에게 입힌 모든 상처를

안고 홀로 생을 마감한다. 이런 식으로 퍼포먼스의 시간은 신화의 시간과 접속함으로써 신체에 새겨진 역사의 경과에 대해 이야기할 수 있다. 시간성들의 이 같은 엮임은 우리 사회가 벤투라, 렌토 그리고 그들과 동류인 자들을 지각하는 합의의 프레임을 깨뜨린다. 그 엮임은 가시적인 것[과 말할 수 있는 것]의 지배적 체제가 이주노동자에게 할당한 자리를 이중의 방식으로 어지럽힌다. 한편으로, 가난한 이주민은 이주민 그 이상이다. 이주민은 자신들의 이야기를 자신이 배우로서 연기하는 얼마간의 장면으로 바꿀 수 있는 예술가들이다. 다른 한편으로, 이주민은 이주민 그 이하이다. 그들은 산송장이요 지옥의 거주자이다. 이제 이 산송장의 정체성은 그 자체로 이중의 정체성이다. 한편으로, 렌토와 벤투라는 돌연변이이다. 그들은 포드의 동시대 영화감독이자 코스타가 가장 존경하는 스승 중 한 명인 자크 투르뇌르Jacques Tourneur가 묘사한 바 있는 좀비, 레오파드맨, 캣우먼과 닮았다. 다른 한편으로, 그들은 지옥에서 돌아와 산 자를 심판하는 심판자이다.

이처럼 리스본 변두리에 사는 이주민들의 삶을 그리는 가족 연대기는, 토지와 집에서 쫓겨난 농부들의 대서사시와 마찬가지로, 시간성들의 급진적 이접[부조화] 쪽으로 전개된다. 고전 영화의 우화[서사]는 부조화하는 시간성들을 포함할 수 있었다. 다만 구제할 수 없는 것의 표식은 플롯이 펼쳐지는 가운데 거의 지각할 수 없는 분열을 남겼을 따름이다. 하지만 동시대 이주 노동자의 방랑에 관한 내레이션은 이러한 흡수를 더는 용납하지 않는다. 구제할 수 없는 것과 신화의 외화면 시간은 이제 연대기의 핵심에 위치한다. 신체들에 새겨진 역사의 표식은 필름이 처음부터 끝까지 연결되는 사건들의 연쇄처럼 펼쳐지지 못하게 막는다. 마찬가지로 그것은 서사의 전개 속에서 사회와 역사의 법칙을 '읽지' 못하게 금지한다. 필름이 당대의 변환들을 설명할 때 이용하는 시간적 구조는 신체에 가해진 상처와 상흔으로서 쓰인 역사의 시간(착취의 시간)과 바로 그 신체들이 스스로 겪은 상처를 다시 연기하는 퍼포먼스의 시간을 분리하는 간격에 서 있다.

베르토프는 대편성 운동 교향곡 속에서 계급투쟁의 종언을 무대화했다. 포드는 투쟁과 자각의 플롯을 (역사의 시간과 외화면 신화의 시간을 접속하는) 독특한 퍼포먼스로 연결하는 대가를 치르면서 계급투쟁의 존속을 무대화했다. 코스타의 경우는, 퍼포먼스의 시간과 신화의 시간 사이 얽힘은 내레이션을 완전히 집어삼켰으며, 착취의 폭력과 그 폭력을 거부하는 폭력의 유일하게 가능한 표현으로 스스로를 긍정한다. 이 영화적 시간성의 형식은 오늘날 정치 자체의 시간성에 관한 급진적 물음이라는 방향으로 전개될지도 모른다.

주

"먼저, 허구 개념에 관해 몇 가지 예비 발언을 해보겠다. 허구는 견고한 현실과 대조를 이루는 상상적 존재들의 발명을 뜻하지 않는다. 허구는 현실감이 창출돼야 하는 곳이라면 어디에서든 요구되는 합리성의 구조이다. 무엇보다 허구는 프레임을 잘라내고 그 안에 요소들을 배치함으로써 상황을 구성하고 그 상황을 지각 가능하게 하는 사태 제시 형식이다. 그것은 소설이나 필름에서 캐릭터가 창문 너머로 던지는 시선일 수 있다. 그것은 뉴스 영화에서 논설위원이 이를테면 프랑스인이 미래를 걱정한다거나 유럽이 의심을 받고 있다고 말하는 보도일 수 있다. 요점은 그 묘사가 참이냐 아니냐가 아니다. 우리는 창문 뒤에 있지 않으며 '프랑스인'이라 불리는 캐릭터를 만날 일이 없다. 요점은 장면을 잘라서 만들어내는 현실감, 그 장면을 구성하는 요소들의 식별, 그 묘사의 양상과 관련된다. 정치인, 언론인, 사회과학자는 그들이 이렇게 말해야 할 때마다 소설가처럼 허구를 이용해야 한다. 상황은 이렇습니다. 상황을 구성하는 요소들은 이렇습니다. 그들은 또한 상황이 왜 그런지, 그 요소들이 무엇을 가능케 할지, 그 상황에서 어떤 미래가 뒤따를지 말하려고 허구를 필요로 한다. 허구의 합리성의 두 번째 측면은 다음과 같다. 허구는 사건들을 연쇄시키는 형식이다. 즉 사건들을 공존시키거나 하나[사건]가 다른 하나[사건]를 따르게끔 하고, 사건들 사이에 인과적 접속을 수립하며, 그 접속이 의미를 띨 수 있게끔 하고, 그 접속에 현실·가능·필연의 양상을 부여하는 것이다. 그 접속은 간단하게 소설 속 여인이 빚을 져놓고 채무자에게 빚을 갚지 못해 자살하는 사실일 수도 있다. 그것은 그리스 인민이 [그들의] 수입을 넘어서는 생활을 하는 바람에 빚을 졌다고 주장하는 어느 정치인이 만들어낸 접속일 수도 있다. 혹은 1960년대의 반-권위주의 봉기가 신자유주의 및 개인주의의 승리로 가는 길을 터주었다고 이야기하는 어느 사회학자가 만들어낸 인과적 연결일 수도 있다, 등등. 허구는 사람들이 다음처럼 말해야 하는 곳이라면 어디에나 있다. 주어진 상황은 이렇습니다. 상황이 그런 이유는 이렇습니다. 이 상황에서 끌어낼 수 있는 결론은 이렇습니다." J. Rancière, "Fictions of Time," *Rancière and Literature*, pp. 25~26. 또한 J. Rancière, *Le fil perdu*, p.11 참조.

2   이것은 ‹카메라를 든 사나이›의 기획안 「카메라를 든 사나이(시각적 교향곡)」의 첫 문장이다. 베르토프의 『키노-아이』 영역자 케빈 오브라이언Kevin O'Brien은 이렇게 옮긴다. "*The Man with a Movie Camera* constitutes

an experiment in the cinematic transmission of visual phenomena without the aid of intertitles(a film with no intertitles), script(a film with no script), theater(a film with neither actors nor sets)." Dziga Vertov, *Kino-eye: The writings of Dziga Vertov*, edited with an introduction by Annette Michelson; translated by Kevin O'Brien(Berkeley: University of California Press, 1984), p. 283. "〈카메라를 든 사나이〉는 자막(자막 없는 영화), 대본(대본 없는 영화), 연극(배우도 세트도 없는 영화)의 도움 없이 시각적 현상을 영화적으로 전달하는 실험으로 구성된다." 지가 베르토프, 김영란 옮김, 『KINO-EYE: 영화의 혁명가 지가 베르토프』(이매진, 2006), 396쪽. 랑시에르가 사용한 다른 번역문의 출처는 Vlada Petrić, *Constructivism in Film - A Cinematic Analysis: The Man with the Movie Camera*(Cambridge: Cambridge University Press, 1987, 2012[Second Edition]), pp. 70, 219이다. 랑시에르가 전달transmission이 아니라 소통communication이라는 단어를 선호한 까닭은, 그가 베르토프의 필름에서 시각적 현상을 관객에게 전달하는 게 아니라, 카메라(눈-기계)와 몽타주를 통해 모든 운동 혹은 에너지의 등가와 보편적 소통을 보여주는 게 중요하다고 봤기 때문이다. J. Rancière, "Hitchcock-Vertov et retour," *Les écarts du cinéma*, p. 37 참조.

랑시에르가 프랑스어로 작성한 초고에는 이 인용구 뒤에 다음과 같은 설명이 붙어 있다. "우리는 그 필름을 픽션 필름에 대립되는 다큐멘터리 필름 범주에 포함시킬 수 없다. 필름에서 제시된 실험은 이 나눔이 이루어지기 전에 위치한다. 진상을 영화적으로 소통한다는 것은 단순히 현실을 알리기 위해 영화를 사용한다는 말이 아니다. 소통한다는 것은 언어를 강구한다[언어 작업을 한다]는 말이다. 하지만 이 언어는 그것 바깥에 위치한 현실을 보여주기 위한 수단이 아니다. 한편, 이 언어의 단어들은 삶과 노동의 일상에서 끌어온 현실, 몸짓과 전혀 다를 바 없다. 다른 한편, 소통은 단순히 정보 전달이 아니다. 영화적 소통이란 소련에서 건설 중인 공산주의 현실에 대해 말하는 수단이 아니다. 그것은 공산주의 현실을 구축하는 수단이다. 소통한다는 것은 연결한다는 말이다. <u>영화적으로</u> 소통한다는 것은 [뭔가를] 운동시킨다는 말이다. 영화 언어는 다수의 운동을 연결하는 운동 기계를 통해 공산주의의 감각적 현실을 구축한다."

3   고다르가 ⟨영화의 역사(들)⟩ 4B("우리 사이의 기호들 Les Signes parmi nous")에서 인용한 피에르 르베르디Pierre Reverdy(1889~1960)의 말을 염두에 둔 것이다. 프랑스 시인이자 다다 초현실주의자였던 르베르디는 잡

지 《북-남Nord-Sud》(Vol. 2, No. 13, Mars 1918)에 「이미지L'image」라는 짧은 텍스트를 발표했다. 거기서 그는 "이미지는 적나라하고 환상적이어서 강한 게 아니라, 관념의 연합이 멀리 떨어져 있고 정확해서 강한 것이다"라고 썼다. 고다르는 〈열정Passion〉(1982), 〈리어 왕King Lear〉(1987), 〈JLG/JLG: 고다르의 자화상 JLG/JLG. Autoportrait de décembre〉(1995) 등 여러 곳에서 이 문장을 인용한다. 특히 〈JLG/JLG: 고다르의 자화상〉과 〈영화의 역사(들)〉에서는 공히 "이미지는 적나라하고 환상적이어서 강한 게 아니라, 관념의 연합이 멀리 떨어져 있어서, 멀리 떨어져 있고 정확해서 강한 것이다"라고 인용하면서 이미지의 영향력이 '멀리 떨어진' 두 상이한 실재의 결합에서 유래함을 강조한다. 고다르는 개빈 스미스Gavin Smith와의 인터뷰에서 이렇게 회고한다. "이미지는 하나로 존재하지 않는다. 이것[하나의 고립된 이미지]은 이미지가 아니라 사진/그림picture인 것이다. 이미지는 그것을 내가 어떤 다른 사람과의 관계를 상상하면서 보고 있을 때 생기는 관계이다. 이미지는 연합이다." 여기서 고다르는 진정한 몽타주에 대한 아이디어를 끌어낸다. 데이비드 스테릿 엮음, 박시찬 옮김, 『고다르×고다르』(이모션 북스, 2010), 302~303쪽(번역 수정) 참조.

에이젠슈테인은 〈총노선〉을 시각적 배음背音의 몽타주

를 실험한 작품으로 설명한다. 세르게이 미하일로비치 에이젠슈테인, 홍상우 옮김, 「영화의 사차원」, 『몽타주』(경상대학교 출판부, 2007), 535~540쪽. ‹총노선›에 관한 랑시에르의 다른 분석으로는, J. Rancière, "La folie Eisenstein," *La Fable cinématographique*(Paris: Éditions du Seuil, 2001), pp. 31~41. 유재홍 옮김, 「에이젠슈테인의 광기」, 『영화 우화』(인간사랑, 2012), 43~56쪽 참조.

5 필름 ‹카메라를 든 사나이›와 ‹총노선›의 대립에 관해서는 다음 대목을 참조할 것. "같은 시대에 에이젠슈테인은 ‹총노선›에서 '낡은 것'과 '새로운 것'을 세심하게 대립시켰다. 그는 낡은 예배 행렬에서 새로운 기계로 옮아가는 이동을 조직했으며, 자신의 주인공을 외양 치장에서 떼어냈다. ‹카메라를 든 사나이›의 미용실 시퀀스는 낡은 것과 새로운 것의 분리, 진실과 외양의 분리를 뒤죽박죽으로 만든다. 귀부인들이 타고 이동하는 사륜마차는 카메라에 의해 사회주의 기계의 빠르기에 도달할 수 있다. 모든 운동은 형태가 비슷하고 빠르기가 같은 운동과 함께 소통할 수 있게 되자마자 서로 등가를 이루게 된다. 베르토프의 마르크스주의는 생산 에너지의 실제 운동과 계급 사회 및 그 스펙터클의 외양을 나누는 여하한 대립을 무시하는 것 같다." J. Rancière, "Hitchcock-Vertov et retour," *Les écarts du cinéma*,

모던 타임스

pp. 36~37.

"[고다르의] 영화의 역사는 두 정식으로 요약된다. 첫 번째 정식은 할리우드 꿈 공장[영화산업]에 대해 말한다. '공산주의는 이와 같은 공장들을 꿈꾸느라 기진맥진했다.' 두 번째 정식은, 비평가 미셸 무를레Michel Mourlet에게서 차용한, 영화의 변화에 관한 진단을 담고 있다. '영화는 우리의 시선을 우리의 욕망에 어울리는 세계로 대체한다.' 고다르는 이 두 테마를 묶는다. 하나는 유토피아의 자리옮김이라는 테마이다. 할리우드 꿈 공장은 20세기의 유토피아 즉 기계적 신세계의 유토피아의 진정 혹은 포획일 것이다. 다른 하나는 영화의 배신이라는 테마이다. 영화는 현상들을 관계 맺어주는 시각 기계로서 제 소임을 포기하고 '스토리'—할리우드 시나리오의 스토리 내지 인민 재가공에 열중하는 파괴적 독재의 스토리—에 복무하는 매혹적인 기계로 변신한다." J. Rancière, "Hitchcock-Vertov et retour," *Les écarts du cinéma*, p. 43.

바르트는 1954년 5월 제1회 파리 국제 극예술 페스티벌에서 극단 베를리너 앙상블Berliner Ensemble이 공연한 연극 〈억척 어멈과 그 자식들〉을 관람했다. 바르트는 관람 직후 「중요한 연극Théâtre capital」을 썼고, 이듬해에는 「맹목적인 억척 어멈Mère Courage aveugle」을 썼으며, 1960년에는 〈억척 어멈과 그 자식들〉의 공연 장면을 담은 사진집에 서문을 쓰기도 했다. 본문의 인용구—"parce que nous voyons Mère Courage aveugle, nous voyons ce qu'elle ne voit pas"—는「맹목적인 억척 어멈」에 나온다. Roland Barthes, "Mère Courage aveugle"(1955), *Essais critiques*(Paris: Éditions du Seuil, 1991) p. 47. 이 구절에 대해 랑시에르는 다음처럼 논평한다. "그들이 보지 못하고 있음을 우리가 보기 때문에 타인들이 보지 못하는 것을 보기, 이 정식은 모종의 마르크스주의 논리를 받아들인다. 하지만 그 정식은 연극을 가지고 저 자신의 전향 작업을 하는 플라톤의 동굴의 역설에 빠졌다. 플라톤은 그 역설에 대해 이렇게 말한다. 우리는 동굴에서 빠져나옴으로써만 동굴로부터 치유될 수 있다고. 루소는 거기서 근대적 교훈을 끌어낸다. 사람들에게 악덕한 자를 보여줌으로써 [사람들을] 유덕한 자로 만들겠다고 자처하는 극작가들의 비논리를 고발하는 것이다. 브레히트 역시 그에 대해 당혹스러운 경험을 한 바 있다. 억척 어멈의 맹목도 관객들을 더 명석하게 만들지는 못한다는 것을. 문제의 핵심을 이해했어야 한다. 억척 어멈은 맹목적이었던 게 아니다. 전쟁을 거래 활동으로 간주하면서 억척 어멈은 그녀가 겪은 불행의 교훈을 주고 싶어 했던 극작가만큼이나 본인이 훌륭한 마르크스주의자임을 보여주었다. '거리두기'는 이중의 인민을 전제하는 이중의 조작이었다. 이윤 전쟁에 공모하는, 따라서 공식 도덕을 잘 고발할 수 있는 인민. 방금 말한 인민의 '명석함'을 고발함으로써 형성되는 도래할 인민." J. Rancière, "Que peut être aujourd'hui un théâtre politique?," *Le Monde*, 10 juillet 2009.

프랑스어 초고에는 이 문장 바로 뒤에 다음 구절이 있다. "톰이 떠나는 장면에서 필름은 끝났어야 했다. 결국 채택된 낙관적인 결말에서, 톰의 어머니는 남은 가족을 태운 트럭 안에서 인민의 파괴될 수 없는 힘에 대한 믿음을 긍정한다. 이 믿음은 [필름] 제작자인 대릴 재넉 Darryl Zanuck이 우겨서 넣은 것이다. 포드가 찍은 필름의 논리는 인민의 미래의 투사를 비가시적 현존으로 변형시켰다."

imageness는 프랑스어 imagéité에 대응하는 단어이다. 랑시에르는 『이미지의 운명』에서 이미지성의 체제를 "요소들 사이의 관계와 기능들 사이의 관계 체제," "볼 수 있는 것과 말할 수 있는 것 사이의 분절 체제," "보여주는 힘과 의미하는 힘, 현전의 증명과 역사의 증언을 묶거나 풀어버리는 방식"이라고 설명한다. 자크 랑시에르, 김상운 옮김, 『이미지의 운명』(현실문화, 2014), 14, 27, 52쪽.

프랑스어 초고에는 이렇게 쓰여 있다. "필름은 동일한 시간을 점하는 두 시간성의 편차décalage 속에서 계급투쟁을 이야기한다. 그리고 바로 이 분열dédoublement을 통해 필름은 역사를 증언한다."

11   이 책 「2. 모더니티 재고」의 주 7 참조.

12   〈행진하는 청춘〉에 관한 랑시에르의 분석으로는, 자크 랑시에르, 『해방된 관객』, 113~117쪽, 그리고 J. Rancière, "La lettre de Ventura," *Trafic*, Vol. 61(Printemps 2007), pp. 5~9과 "Politique de Pedro Costa," *Les écarts du cinéma*, pp. 140~153 참조.

13   코스타 감독의 폰타이냐스Fontainhas 연작이라고 불리는 〈뼈Ossos〉(1997), 〈반다의 방No Quarto da Vanda〉(2000), 〈행진하는 청춘Juventude em Marcha〉(2006), 〈호스 머니Cavalo Dinheiro〉(2014)를 가리킨다.

14   Louis Althusser, "Le «Piccolo», Bertolazzi et Brecht (Notes sur un théâtre matérialiste)," *Pour Marx*(Paris: François Maspero, 1965), pp. 129~152. 루이 알튀세르, 서관모 옮김, 「피콜로 극단: 베르톨라치와 브레히트 (유물론적 연극에 대한 노트)」, 『마르크스를 위하여』(후마니타스, 2017), 227~263쪽. 연대기의 시간에 관해서는 237쪽을, 연대기의 시간적 구조와 드라마의 시간적 구조 사이 대립에 관해서는 240쪽 이하를 참조할 것.

15   하나는 안토니 반 다이크Anthony Van Dyck가 그린 〈남자의 초상Portrait of a Man〉이고 다른 하나는 페테르 파울 루벤스Peter Paul Rubens가 그린 〈헬레나 푸르망의 초상

Portrait of Helena Fourment〉이다.

F. W. 무르나우F. W. Murnau 감독의 〈노스페라투〉에서 주인공 허터Hutter가 흡혈귀인 올록Orlok 백작에게서 편지를 받고 그가 사는 성(현실 세계 너머 유령의 땅)으로 넘어가는 장면을 가리킨다. 이 장면 직후에 나오는 유명한 자막(의 프랑스어 버전)—"Et quand il fut de l'autre côté du pont, les fantômes vinrent à sa rencontre[그가 다리 저편으로 건너가자, 유령들이 그를 맞이하러 다가왔다]"—은 앙드레 브르통André Breton을 비롯한 프랑스 초현실주의자들을 매혹시켰다.

정확히 말하면, 렌토가 가족들과 함께 창문을 통해 뛰어내린 일을 이야기하는 사람은 벤투라이다.

렌토("작가도 아니고 반다나 벤투라도 아닌, 하지만 우리의 삶에 낯설면서도 낯설지 않은 제3의 형상", "비인격적인 것")가 등장하는 수수께끼 같은 시퀀스에 관한 랑시에르의 다음과 같은 분석과 함께 놓고 볼 것. "우리가 지금 보고 듣는 렌토는 우리 사이에 나타나는 망자들의 왕국의 거주자이다. 그는 일상 활동을 쫓으며 찍힌 다큐멘터리적 인물도 아니고, 허구적 인물도 아니다. 그는 인류를 상이한 종으로 쪼개는 대립을 지움으로써 생겨나는 순수 형상이다. 그의 불투명한 신체는 표면이 된다. 그 표면 위에서 그[렌토]의 삶, 벤투라의 삶 그리고 그들의 조건을 공유하는 모든 이의 삶이 그 상태 그대로 즉 살아 있는 망자의 삶으로 등장한다. 이러한 이유로 렌토는 촬영 기간 실제로 일어난 비극적 사건을 겪은 이웃의 가장으로 분할 수 있는 것이다. 렌토는 절대 암송할 수 없던 편지를 이제 암송할 수 있는 비극적 인물이다. 벤투라와 렌토는 서로 바라보지 않고 우리를 향한 채 비극적 시편의 어조로 말한다. 그들이 맞잡은 손은 산자와 망자를 이어주는 맹세인 동시에 배우가 청중에게 건네는 인사의 제스처이다."
J. Rancière, "Politique de Pedro Costa," *Les écarts du cinéma*, pp. 152~153.

텍스트 출전

「시간, 내레이션, 정치Time, Narration, Politics」는 2014년 5월 [마케도니아] 스코페 사회과학 연구소의 초청을 받아 처음 발표했다.* 2015년 1월 로스앤젤레스 칼 아츠 연구소에서 발표하기 위해 다시 썼다.

「모더니티 재고Modernity Revisited」는 2014년 5월 [세르비아] 노비사드 학생문화센터SKCNS의 초청을 받아 「모더니티 재고Rethinking Modernity」라는 제목으로 발표했다.**

「무용의 순간The Moment of Dance」은 2014년 4월 [미국] 브라운 대학(프로비던스)에서 조직한 "이론 속/과 무용Dance in/and Theory" 콘퍼런스에서 발표했다.***

「영화의 시간들The Times of Cinema」은 2015년 10월 [크로아티아] 자그레브 멀티미디어 연구소MaMa와 [보스니아-헤르체고비나] 사라예보 대학 철학과의 초청을 받아 발표했다. 첫 번째 판본은 2015년 7월 [이탈리아] 볼로냐에서 열린 "재발견된 영화Cinema Ritrovato" 페스티벌의 맥락에서 발표됐다.****

시간의 정치에 대한 연속 강의 계획은 유고슬라비아 출판사 측이 구-유고슬라비아 국가들에서 연속 강의를 해달라고 초청한 것에 대한 응답 차원에서 구상됐다. 이 전 과정을 조직해준 이바나 몸칠로비치(유고슬라비아 출판사), 이 계획에 관여한 주드라브코 불린과 알렉산다르 오파르니차(노비사드 학생문화센터)에게 감사한다. 나를 환영해주고 내 테제들에 대해 토론한 모든 이와 기관에 감사한다.

*　　당시 발표 제목은 「시간, 서사, 정치Temps, récit, politique」였으며, 발표 영상
　　　은 https://www.youtube.com/watch?v=EQGgW4wZFZw에서 볼 수 있다.

**　　랑시에르는 「모더니티 재고Rethinking Modernity」를 2014년 4월 8일 미국 코
　　　넬대학교에서 로망스언어학 연구 석학 강의의 일환으로 먼저 발표했다. 해당 강
　　　의는 J. Rancière, "Rethinking Modernity," Diacritics(Vol. 42, No. 3, 2014),
　　　pp. 6~20에 게재됐다.

***　당시 발표 제목은 「무용하는 신체: 사유, 예술, 정치The Dancing Body:
　　　Thinking, Art, Politics」였으며, 발표 영상은 https://vimeo.com/98447001에
　　　서 볼 수 있다.

****　「영화의 시간들」의 프랑스어판 초고 제목은 「영화의 순간들Moments
　　　cinématographiques」이다. 이 초고는 최종 수정 이전의 판본이므로 번역의 저
　　　본으로 사용할 수는 없었으나 몇 군데 불분명한 구절을 이해하는 데 도움이 됐
　　　다. 옮긴이와 주고받은 메일에서 랑시에르는 「영화의 시간들」보다는 「영화의 순
　　　간들」이 텍스트의 내용에 더 부합하며, 바뀐 제목을 '영화의 시대'로 오해해서는
　　　안 된다고 지적했다. 랑시에르가 말하는 '순간들'이란 그가 다룬 필름들의 순간
　　　들과 영화사의 중요한 순간들을 동시에 가리킨다.

이미지 크레딧

옮긴이 후기
감각적인 것의 나눔 Revisited

여기 소개하는 『모던 타임스Modern Times』(2017)는 프랑스 철학자 자크 랑시에르의 최근 저작 가운데 하나로서 랑시에르가 2014~15년에 발표한 말과 글을 모은 것이다. 랑시에르가 국내에 소개된 지 10년이 흘렀고 그간 국역된 단행본만 15종에 이르는 만큼, 그의 지적 이력과 문제틀(스승 루이 알튀세르Louis Althusser와의 인연/절연, 19세기 노동자운동에 대한 연구, 정치의 종언 혹은 귀환 담론에 대한 개입, 민주주의에 대한 근본적 재사유, 정치와 미학의 결절점에 대한 독창적 사고 등)을 이 자리에서 되풀이할 필요는 없을 것 같다. 오늘날 예술계에서 랑시에르는 소위 핫한 철학자 가운데 하나이며, 전시장 벽면이나 도록에서 그의 정치적·미학적 개념에서 영감을 얻은 표현이나 문장을 쉽게 찾아볼 수 있다. 할 포스터Hal Foster가 한 서평에서 적었듯, 철학·정치·예술을 연결하는 능력, 평등주의라는 토픽, 특정 예술 실천을 자신의 개념 도식에 끼워 맞추지 않고 동시대 예술을 꾸준히 팔로업하는 성실, '비판적' 예술에 대한 비판 등 랑시에르가 예술계에서 각광받는 데는 그만한 이유가 있을 것이다.[1]

이 책 『모던 타임스』는, 부제("예술과 정치에서 시

간성에 관한 시론")에서 알 수 있듯, 예술과 정치를 논하는 랑시에르의 일련의 저작—『감각적인 것의 나눔』(2000), 『영화 우화』(2001), 『이미지의 운명』(2003), 『미학 안의 불편함』(2004), 『문학의 정치』(2007), 『해방된 관객』(2008), 『영화의 간극』(2011), 『아이스테시스』(2011)—의 연장선에 있다. 『감각적인 것의 나눔』이 이전의 정치 연구(정치의 미학[감성학])와 이후의 미학/예술 연구(예술의 정치)를 연결하는 마디에 해당한다면, 『모던 타임스』는 지난 20년간 진행된 랑시에르의 예술-정치 연구를 축도縮圖한다고 말할 수 있다. 나는 『감각적인 것의 나눔』을 다시 읽을 때마다 그것이 의례적인 인터뷰가 아니라 일종의 프로스펙투스prospectus로서 이후 랑시에르가 전개하는 미학적 논의의 모든 맹아를 담고 있음을 확인하고 놀란다. 그리고 『모던 타임스』가 사실상 『감각적인 것의 나눔』의 문제틀을 그대로 따르다가도 살짝 빗겨나며 논의를 확장하고 있음을 깨달으며 즐거웠다. 따라서 나는 독자들도 『감각적인 것의 나눔』과 『모던 타임스』를 겹쳐 읽어보기를 권한다. 『모던 타임스』에 수록된 글들은 그간 랑시에르가 발표한 글들 가운데 가장 명징한 축에 속한다. 독자들은 이 책에서 저마다 풍부한 이야기보따리를 챙겨갈 수 있으리라 믿는다.

부제에서 더 눈길이 가는 단어는 '시간성'이다. 예

술사에서의 시기 구분(선형적 단절처럼 굳어버린 모더니즘과 포스트모더니즘), 동시대성, 현재주의, 무시간성, 인류세, 연속/불연속, 지속, 중지, 지연, 사건, 해프닝, 아카이브 등 시간(성)과 직간접적으로 연관되는 개념군을 떠올려본다면 동시대 미술에서 시간에 관한 성찰을 피하기는 어려워 보인다. 그렇다면 이미 나올 대로 나온 듯 보이는 개념의 각축장 안에(서) 랑시에르는 무엇을 더 집어넣으려는 것일까(혹은 빼려는 것일까)? 나는 『모던 타임스』에서 전개된 시간성 논의들 가운데 세 가지를 추려보고 싶다.

시간의 나눔에서 공통의 시간으로

랑시에르의 개념 가운데 (특히 예술계에) 가장 널리 퍼진 것은 '감각적인 것의 나눔'이다. 물론 이 개념은 예술도 감각적인 것의 재배분에 개입하는 이상 그 나름의 정치를 지닌다는 것으로 이해됐고, 이는 작품의 소재나 표현에서 전통적으로 '정치적'이라고 불리는 방식을 사용하지 않고도 예술 실천이 정치적일 수 있음을 변호하는 데 널리 사용됐다. 심지어 예술의 순수성과 자율성을 옹호하는 진영에서도 아전인수 격으로 사용하는 이 개념의 비운悲運을 한탄하는 건 이 지면에 어울리지 않다. 감각적인 것의 나눔 개념을 다면적으로 이해하는 일이 더 중요할 테다.

감각적인 것의 나눔은 공통적인 것의 몫이 분유되는 형태를 가리키는바, 우리는 흔히 그것을 하나의 정치 무대 안에 누구는 포함되고(몫을 갖고) 누구는 배제되는(몫을 갖지 않는) 상태로 표상하며, 따라서 몫 없는 자들이 자신의 몫을 주장하기 위해 바로 그 무대에 난입하는 것을 정치라고 생각한다. 그도 그럴 것이 랑시에르는 정치가, 한나 아렌트가 말했듯, '외양'의 문제이자 자기 가시화 공간인 공통의 무대를 세우는 문제라고 보기 때문이다. 이러한 이해는 포함과 배제, 나아가 배제적 포함이나 포함적 배제 등을 사고하는 기존의 정치철학과 랑시에르의 철학 사이에 접점/논쟁점을 만들어내는 장점이 있다. 하지만 감각적인 것의 나눔은 특정 개인 내지 집단에 몫이 있고 없음을 규정하는 틀에 국한되지 않을뿐더러(그랬다면 '감각적인 것'이라는 용어를 쓸 필요도 없었을 것이다), 몫 없는 자들이 창출하는 무대 역시 몫 있는 자들의 바로 그 무대가 아니다(그랬다면 정치를 하기 위해 정당이나 선거라는 틀에 머물러야 한다는 얘기가 됐을 것이다). 무엇보다 앞서 언급한 이해 방식은 감각적인 것의 나눔을 공간적-연극적 메타포를 통해서만 사유한다.

그런데 이 책에서 랑시에르는 "시간과 시간성 범

주가 감각적인 것의 나눔에서 핵심 역할을 한다"라고 주장한다. 아닌 게 아니라 감각적인 것의 나눔을 정의하면서[2] 랑시에르는 공간, 시간, 활동 형태에 대한 나눔을 문제 삼으며, 플라톤이 『국가/정체』에서 장인을 '시간 없는' 존재로 만듦으로써 그들을 어떠한 시·공간에 배치/배제했는지 설명한다. 시간(성)은 비단 감각적인 것의 나눔에만 들어 있는 게 아니다. 2004년 인터뷰 말미에서 랑시에르는 이미 이렇게 말한 바 있다. "시간에 대한 사유가 어떻게 평등 및 불평등의 문제와 묶이느냐는 물음은 『프롤레타리아들의 밤』에서 『이미지의 운명』에 이르는 내 전全 작업을 가로지르는 실마리이다."[3] 실제로 『프롤레타리아들의 밤』은 19세기 노동자들이 이튿날의 노동을 위해 피로를 풀고 휴식을 취하는 재생산 시간인 '밤'을 어떻게 저 자신의 것으로, 저 자신의 욕망을 구현하는 시간으로 만들었는지 들려준다. 해방은 "자신의 거기에-있음과, 자신의 '시간 없음'과 물질적으로 분리되는 능력", 낮과 밤의 고리를 끊음으로써 물질적으로 다른 시간을 여는 것이다.[4]

랑시에르는 이 책 『모던 타임스』에서 자신의 이전 논의들을 시간의 틀에 비추어 재고revisit하고 있다. 제1장 「시간, 내레이션, 정치」에서 그는 아리스토텔레스가 『시학』에서 제시한 시—개연성 내지 필연성에 따른 사건들의 합리적 연쇄 형태—와 역사/연대기—잇달아 일어나는 우연한 사실들에 대한 기록—의 구분에서 논의를 출발한다. 이 시학적 위계는 여가 시간을 갖는 능동적 인간(사유-앎-행위의 인간)과 노동-휴식의 쳇바퀴 속에 있는 수동적 인간(육체-무지-생존의 인간)을 맞세우는 사회적 위계, 그러니까 인간 존재를 둘로 나누고 삶의 형태를 둘로 분할하는 형태에 바탕을 둔다. 특히 두 번째 부류의 인간은 시간이 없고 일은 그를 기다려주지 않기에 다른 곳에 있지도 다른 일을 하지도 못하는 (플라톤식) 장인과 닮았다. 여기서 알 수 있듯, 시간('시간 없음')은 금지('다른 것을 하는 것의 불가능성')를 작동시키는 조작자 역할을 한다.[5] 왜 아니겠는가? "아직 때가 아니다." 대부분의 진보주의자들은 혁명 조건이 무르익지 않았다며 호기 앞에서 머뭇거렸고, 통치자들은 여성, 장애인, 성소수자의 권리 주장에 대해 '나중에'를 연발했다. "이미 때가 지났다." 자유주의자들과 자본가들은 유토피아 실험의 종언 이후 유일하게 가능한 세상은 지금 이 세상뿐이라며 자찬했고, 현실주의자들은 역사의 상흔 따위는 묻어두고 미래로 도약해야 한다고 외쳐댔다.

시간이 뭔가를 해서는 안 된다고 말하는 금지의 알리바이로 쓰인다면, 바로 이 알리바이를 깨는 것, 나아가 현재의 무지를 앎으로 전환하면 언젠가 지금의 불평등은 평등으로 바뀌어 있을 것이라는 진보의 약속(과 그것이 전제하는 '시간의 정의')에서 등을 돌리는 일이야말로 해방의 시작이다. 이 해방은 기존의 <u>시간의 나눔</u>을 다시 나눌 수 있는 능력에 달려 있다. 랑시에르가 자주 드는 소목장이 루이-가브리엘 고니의 일화를 떠올려보자. 소목장이는 자신을 기다려주지 않는 일을 잊고서 자신의 신체, 시선, 생각을 다른 쪽으로 옮겼다. 타인을 위해 노동해야 하는 장소에서 자신에게로 시선을 돌리는 시간은 그 박탈된 공간을 자신의 미적 경험의 공간으로 바꿔놓을 뿐 아니라 예속된 노동 시간 안에 자유의 시간을 포갬으로써 시간을 다시 나눌 수 있게 해준다. 자신에게 할당된 업무[점유]에서 자리를 옮기는 행위는 어디에서나 출발할 수 있고 어느 때든 시작될 수 있다는 것, 이것이 소목장이 고니의 교훈이다.

랑시에르는 개인적 차원에서 이루어지는 시간의 재배분을, 그렇게 창출된 '다른 시간'을 어떻게 '공통의 시간'과 접속할 수 있는지 묻는다. <u>공통의 시간 구축</u>과 관련하여 두 방식이 제시된다. 하나는 사회 운동에서 끌어온 것이다. 직업 특성상 간헐적 노동과 아르바이트를 전전할 수밖에 없는 비정규 공연 예술인들은 자신들의 특수한 요구를 보편적 요구와 연결했고, 오큐파이 운동의 시위대는 대다수가 처한 불안정한 시간성을 오늘날의 보편적 조건으로 사고하면서 조각난 시간성들을 광장에 결집시켰다. 다른 하나는 예술 작품에서 끌어온 것이다. 버지니아 울프는 원자의 소나기처럼 쏟아져 내리는 인상들을 지면에 옮겨 적음으로써 아무 위계 없이 서로 침투하는 미시-사건들이 빚어내는 공통의 시간을 구축했고, 지가 베르토프는 아침부터 저녁까지 일어나는 온갖 활동을 잘게 쪼개면서 등가적 운동 단위를 만들었을뿐더러 거기에 발레리나의 무용이라는 상징적 장면을 삽입해 모든 운동에 동질적 시간을 부여하려 했다.

랑시에르가 이 책에서 명확히 구분하지 않지만, 첫 번째 방식은 '정치(의 미학[감성학])'에 해당하며 두 번째 방식은 '예술의 정치'에 해당한다. 전자는 사회적 위계를 무너뜨리고 후자는 시학적 위계를 교란하는 식으로 간단히 구분할 수도 있을 테다. 하지만 더 큰 차이는 다음과 같다. '정치'에서는 '말'과 '논변'을 펼치기 위한 무대를 만들고 그 속에서 집단적 주체화를 이루는 것이 관건이 된다. 반면, '예술의 정치'에서는 국가의 형태를 바꾸거나 정치적 평등을 획득하는 것은 전혀 문제가 되지 않으며 미시-사건들의 등가와 운동 자체의 해방만이 관건이 된다. 물론 이 책은 제목『모던 타임스』처럼 예술의 미학적 체제를 정초한 19~20세기 초중반의 모던한 예술 실천들을 주로 다룬다. 특히 베르토프의 필름은 곳곳에서 범례처럼 등장하는지라, 그 필름의 기획이 곧 랑시에르가 옹호하는 모델이라는 것인지 아닌지 헷갈리게 한다. 이 물음은 뒤에서 간략히 해소되 겠지만, 예술의 미학적 체제를 수놓은 무수한 예술 실 천에 대한 랑시에르의 지도제작법을 이해하기 위해서 는 독자들이 『감각적인 것의 나눔』, 『미학 안의 불편함』, 『이미지의 운명』 등을 직접 읽어보기를 권한다.

모더니티와 비동시대성

랑시에르는 모더니티, 모더니즘, 아방가르드 같은 통념 들이 19세기 이후 등장한 예술의 새로운 형식을 사고 하는 데에도 또 미학과 정치의 관계를 사고하는 데에 도 별 도움이 되지 않는다고 비판해왔다. 특히 "모더니 티를 예술의 자율성과 단순 동일시 하고, 예술의 '반-미 메시스적' 혁명을 마침내 드러난 예술의 순수 형식의 획득과 동일시 하는"[6] 모더니티 담론 즉 클레멘트 그린 버그의 모더니즘 회화론—다른 예술 매체에서 빌려왔 다고 여겨질 수 있을 모든 효과를 제거한 나머지 즉 평 평한 표면, 그림 바탕의 형태, 안료의 속성을 회화의 본 질로 간주하는 관점—이 주요 타깃이었다. 랑시에르의 그린버그 비판은 크게 세 축으로 이루어졌다.
 첫째, 미메시스를 현실 대상에 대한 모방이 아니라 아리스토텔레스의 시학에 바탕을 둔 재현적 체제로 사고하기. 미메시스란 주제의 위계, 재현 대상에 어울리는 장르들 사이의 위계를 규정하는 것이다. 따라서 반-미메시스는 추상표현주의가 아니라 비천한 사람과 사물을 화폭에 담아낼뿐더러 화가의 제스처와 재료를 화면에 그대로 노출한 네덜란드 풍속화와 함께 시작했다.

둘째, 2차원적 평면이 아니라 순수 대 실용, 기능 대 상징, 자율 대 타율 등의 대립이 무너지는 '표면', 특히 상이한 매체들이 혼합될 수 있는 인터페이스에 대한 강조. 스테판 말라르메는 시로써, 쉬프레마티즘은 추상회화로써, 베르토프는 몽타주를 사용한 영화로써 이 인터페이스를 만들어냈다.

셋째, 예술의 자율성의 근원을 주노 여신의 조각상 ‹주노 루도비시›(에 대한 프리드리히 실러의 분석)에 나타난 '자유로운 외양'에서 찾기. 여신 조각상은 현실 모델을 닮은 것도 아니고 수동적 질료/재료에 부여된 능동적 형상/형태도 아니다. 외려 그것은 세상사에 무관심한 이질적 감각 형태로서 존재한다. 여신 조각상은 다른 한편으로 관객의 '자유로운 유희'를 추동한다. 조각상 앞에서 관객은 이마누엘 칸트가 말했던 미적[감성적] 경험 즉 무사심無私心한 미적 판단을 하며, 그것은 감각과 지성의 위계를 폐기하는 새로운 인류의 씨앗을 배태한다. 이 두 측면은 예술의 미학적 체제에서 예술이 예술이면서 예술이 아닌 역설을 야기한다. 다시 말해, 자유로운 외양과 자유로운 유희는 각각 예술의 자율성(삶으로부터 분리되는 작품의 고독)과 예술의 타율성(삶의 형태로 변형되는 예술)의 모체가 된다. 랑시에르는 18세기 이후 전개된 무수한 운동이 이 역설을 둘러싼 상이한 입장들에 다름없다고 본다. 그린버그 역시 이 역설의 일면만 강조했을 뿐이다.

이 책에서 랑시에르는 시간성의 틀로써 모더니티의 쟁점을 재고한다. 이번에는 G. W. F. 헤겔이 그 출발점이다. 헤겔은 『미학 강의』에서 예술이 삶에서 분리되어 기교의 과시로 전락한 세태를 두고 예술의 종언을 선언했다. 삶은 이제 예술이 아니라 제도나 경제 속에서 자신의 형식을 발견하고, 역사의 진보를 추동한 정신은 과학 속에서 자신을 의식하게 됐다. 모더니티는 이렇게 예술 바깥에서 완수되고 삶은 시대에 뿌리를 박는다. 그린버그는, 랑시에르가 보기에, 헤겔의 구도를 그대로 따르면서 그것을 뒤집어 읽는다. 자본주의 발전에서 자신의 형식을 발견한 삶을 키치 문화 내지 후위로 치부하고, 이 인민의 삶에서 분리된 예술 즉 아방가르드의 계속된 전진을 천명하는 것이다. 그렇지만 헤겔과 그린버그는 공히 역사의 진보라는 단선적 시간성 그리고 모더니티의 완수로서의 동시대성이라는 시간관을 견지한다. 랑시에르는 여기에 랠프 월도 에머슨을 맞세운다. 에머슨이 「시인」에서 말하기를, 아메리카는 다수의 이질발생적 현상이 공존하지만 아직 그에 걸맞은 시의적절한 인간을 만들어내지 못했다. 삶은 그에 걸맞은 형식을 찾아내지 못해 지체되어 있으며 "근대의 시간은 저 자신과 동시대적이지 않은" 것이다. 이 부조화, 간극은 "모더니티가 완수됐다"는 헤겔식 동시대성에 반대되는 비동시대성을 보여준다. 여기서 시인의 과제는 현재의 시간이 아직 완수하지 못한 표현을 바로 그 아메리카의 현재 속에서 길어내 그 시간에 부여하는 것이다. "현재의 바로 그 지체에서 추출한 예견의 힘을 사용하여 새로운 미래를 구축하기." 이것이 에머슨 그리고 카를 마르크스가 구상한 비동시대성의 시간 플롯 구성이라고 랑시에르는 말한다. 그리고 다수의 이질발생적 현상의 공존에 부여될 공통의 시간이라는 형식은 울프의 ‹댈러웨이 부인›이나 베르토프의 ‹카메라를 든 사나이›에서 구현된다. 그린버그식 모더니즘 비판 이후 랑시에르가 도달하는 곳은 모더니즘 이전, 그러니까 에머슨과 마르크스 같은 19세기 사상가들 혹은 베르토프 같은 20세기 초 러시아 아방가르드이다.

모더니즘과 아방가르드의 관계를 설정하는 상이한 방식들을 우리는 알고 있다. 첫째, 그린버그는 모더니즘과 아방가르드를 동일시했고, 그것을 키치와 대립시켰다.[7] 여기서 아방가르드는 에두아르 마네부터 20세기 중반의 추상표현주의 회화로 대표된다. 둘째, 페터 뷔르거Peter Bürger는 모더니즘과 아방가르드를 대립시켰다.[8] 여기서 모더니즘은 그린버그식 (부르주아) 예술의 자율성을 가리키는 반면, 아방가르드는 예술 제도를 비판하고 예술과 삶을 재연결하려고 애썼던 1920년대 역사적 아방가르드(마르셀 뒤샹Marcel Duchamp의 초기 레디-메이드, 앙드레 브르통André Breton과 루이 아라공Louis Aragon 같은 초현실주의자의 초기 우연 실험, 존 하트필드John Heartfield의 초기 몽타주 등)를 가리킨다. 다만 뷔르거는 이 역사적 아방가르드와 1960년대 네오-아방가르드를 구분하면서, 후자를 전자의 비틀린 반복이자 실패한 현재로 치부했다. 셋째, 포스터는 모더니즘과 역사적 아방가르드를 대립시킨 뷔르거의 논의를 계승하되, 역사적 아방가르드와 1950~60년대 네오-아방가르드의 관계를 뷔르거와는 반대로 설정한다.[9] 네오-아방가르드는 역사적 아방가르드의 기획을 처음으로 이해하고 실행했다는 것. 즉 예술의 자율성에 맞섰던 역사적 아방가르드는, 그 기획은 제도적으로 억압되었지만 그 지연된 기획을 네오-아방가르드가 사후적으로 반복함으로써, 기어이 복귀했다는 것이다.

랑시에르는 그린버그의 구도 즉 예술과 삶을 구분하지 않는 키치와 예술을 삶에서 떼어내는 모더니즘(=아방가르드)의 구분이 함축하는 바를 문제 삼는다. 키치와 아방가르드의 구분은 인간을 두 부류로 나누고 시간에 수직적 위계를 부여하며 기예들 사이에 등급을 매기는 재현적 체제의 도식을 재생산한다는 것이다.[10] 게다가 예술과 삶의 비구분과 예술의 자율성은 실러의 ‹주노 루도비시› 분석이 보여주듯 처음부터 예술의 미학적 체제를 구성하는 두 축이다. 랑시에르는 앞서 말했듯, 공통의 감각 경험의 새로운 직조를 모색한 대표적인 사례로서 1920년대 아방가르드 그중에서도 러시아 구축주의를 특권화하는 경향이 있다. 그에 비해 네오-아방가르드 작가로 분류되는 로버트 라우셴버그Robert Rauschenberg, 마르셀 브로타에스Marcel Broodthaers, 다니엘 뷔렝Daniel Buren에 대한 언급은 드물다. 하지만 모더니즘, 포스트-모더니즘 혹은 역사적 아방가르드, 네오-아방가르드와 같이 미술사에서 공인된 용어들에 대해 랑시에르는 회의적이다. 그 용어들이 예술사의 '시기 구분'에 사용되는 경우엔 특히 그러하다. 랑시에르의 이러한 태도는 진보적 역사관을 거부하고 예술 식별 체제, 시대착오, 번역 같은 용어들로써 예술 실천들의 풍경(시간에 따른 변화도가 아니라 일종의 무시간적 지형도)을 그리는 본인의 방법론에서 유래한다.

제2장 「모더니티 재고」라는 장의 제목은 여러 의미로 해석될 수 있다. 그것은 헤겔·그린버그 등의 모더니티론 재고일 수도 있고, 모더니티에 대해 랑시에르 자신이 표명한 논점의 재고일 수도 있으며, 모더니티의

비동시대성 다시 말해 여전히 완수되지 않았고 자신의 잠재력을 소진하지 않은 근대의 '미적 혁명'의 반복에 대한 재고일 수도 있다. 우리는 아직 18세기 말에 시작된 예술의 미학적 체제의 자장 안에 있다는 것. 따라서 모더니즘-포스트모더니즘-컨템퍼러리 등의 종별적 차이는 예술의 미학적 체제에 접혀 있는 역설들(예술의 자율성과 타율성, 재현 체제를 깨트리기 위한 매체의 혼합, 비동시대성)의 일면적 펼침에 지나지 않는다는 것. 그런 한에서 Modern Times는 근대이면서 현대이다.

포스터가 말하는 아방가르드의 시간성은 헤겔의 동시대성과는 분명히 구분된다. 그는 과거(역사적 아방가르드)와 미래(네오-아방가르드) 사이에서 사후성事後性, Nachträglichkeit의 관계를 설정했다. 역사적 아방가르드는 당대에 완성되거나 의식되거나 이해되지 않았으며, "우리는 오로지 지연된 작용 속에서만 우리 자신이 된다." 과거의 반복과 복귀를 사고했다는 점에서 포스터가 말하는 시간성은 억압받은 과거에 대한 회억을 통해 과거를 구원하고자 했던 발터 벤야민의 역사관,[11] 동시대와 거리를 둠으로써 멀어져가는 어둠의 빛을 붙잡으려 했던 조르조 아감벤의 동시대성 개념과 궤를 같이한다.[12] 반면, 랑시에르는 이 책에서 현재의 지체 속에서 미래를 예견했던 역사적 아방가르드의 시점을 강조하는 듯 보인다. 어떻게 보면 이 관점은 혁명적 유토피아의 도래를 바랐던 많은 마르크스주의의 시간관, 그것도 실패로 귀결된 시간관을 되풀이하는 것으로 여겨질 수 있다. 따라서 물음은 여전히 남는다. 랑시에르는 베르토프의 필름에서처럼 모든 운동을 등가화하고 거기에 공통의 동질적 시간을 부여하는 예술 실천을 옹호하는 것인가, 예술이 현재에 그것의 의미와 형식을 부여하는 작업은 미래를 미리 끌어 당겨오는 시간성을 통해서만 가능한가?

예술의 정치의 세 시간성, 영화적 시간성의 세 형식

앞선 물음에 답하기 위해서는, 이 책의 착상을 다수 포함하고 있는 강연 「우리는 어느 시간에 살고 있는가?」[13]를 경유해야 한다. 거기서 랑시에르는 '예술의 정치'의 세 시간성을 구분한다. 그 시간성들은 시간들의 수렴과 발산을 다루는 세 상이한 방식으로 구분된다.

첫째, 시간들의 수렴에 급진적 형식을 부여하는 역사적 모더니즘[14]이 있다. 여기서는 모든 차이를 하나의 동일한 전반적 운동의 현시로 전환하는 동기화가 관건이다. 이 시간성은 베르토프의 ‹카메라를 든 사나이›에 잘 드러난다. 그 필름에서는 무용수의 운동, 조립 라인 여성 노동자의 몸짓, 거리의 대중교통, 미용실 손톱 관리사의 몸짓, 비행기의 비행, 마술사의 트릭이 같은 리듬 속에서 포착된다. 베르토프는, 랑시에르에 따르면, 시간들 사이의 간극이나 중단 없는 동질적 시간을 구축함으로써 공통적인 감각 경험 공동체로서의 공산주의를 구축하려 한다. 이런 식으로 예술의 형식과 삶의 형태의 차이는 사라진다.[15]

둘째, 시간들의 발산과 그것이 만들어내는 무능력을 강조하는 비판적·변증법적 모델이 있다. 여기서는 전반적 운동을 모델화하고 이해 가능하게 만드는 종별적 시간의 구축이 강조된다. 이 시간성은 베르톨트 브레히트의 ‹억척 어멈과 그 자식들›(에 대한 롤랑 바르트의 해석)에서 잘 드러난다. 이 연극에서는 외양의 시간과 그 심층에 감춰진 진리의 시간을 구분하고, 전자에 매몰된 사람들에게 후자의 비밀을 가르치는 것이 중요해진다. 따라서 이 시간성은 아는 자와 모르는 자를 분리하는 장벽을 수립할 뿐 아니라, 지식을 가진 스승이 무지한 학생을 가르침으로써 그 학생을 전진하게 만든다는 교육학적 시간 모델과 닮아 있다.

셋째, 장치 안에서 상이한 시간들을 엮는 헤테로크로니아[다른 시간]가 있다. 미셸 푸코가 헤테로토피아[다른 공간]라는 용어로 정상적 영토 분배에 어울리지 않는 공간, 보통 양립 불가능한 공간들의 조합을 가리켰듯, 랑시에르는 헤테로크로니아라는 용어로 양립 불가능한 시간들의 조합을 가리킨다. 이 시간성은 페드로 코스타의 ‹행진하는 청춘›에서 잘 드러난다. 이 필름에서는 리스본 변두리 판자촌에서 그리고 새로 입주한 화이트 큐브에서 이루어지는 이주노동자들의 삶이 다큐멘터리적 연대기의 형태로 그려진다. 하지만 어느 순간(주인공 벤투라가 그의 동료 렌토의 집 문을 열고 들어가는 순간) 이후부터 렌토는 이전과 전혀 다른 모습을 보인다. 내내 외울 수 없었던 연애편지를 암송하고, 이미 죽었던 이가 벤투라와 손을 맞잡고, 자식이 없는 이가 자기 가족이 화재에 희생된 이야기를 들려준다. 이것은 비극의 시간, 산송장의 시간이 영화의 서사(내러티브) 안에 난입한 형국이다.

랑시에르는 이 책에서 예술의 정치의 세 시간성을 명확히 정리하면서 논의를 전개하지는 않는다. 게다가 책 전체를 가로지르는 실마리로서 베르토프의 필름이 사용되는 바람에 랑시에르가 그 필름의 시간성을 일종의 대안으로 생각하고 있다는 착각을 불러일으킨다. 이러한 편중은, 앞서 말했듯, 책 제목인 ‘모던 타임스[근대]’에서 비롯한다고 볼 수 있다. 랑시에르는 이 책에서 동시대 예술 작품을 검토하는 게 아니라 재현적 체제와 단절하는 미학적 혁명을 수행한 근(현)대 예술 실천들의 의미를 되짚는다. 또한 랑시에르는 그저 예술적 실천들로부터 주어진 것을 이해 가능하게 만들어주는 틀을 서술할 뿐 예술의 정치가 나아가야 할 모델을 제공하려 하지 않는다. 그렇지만 랑시에르 자신의 철학적 지향과 어울리고 실제로 그가 주목하는 것은 세 번째 시간성이 아닌가 싶다. 그리고 그 세 번째 시간성을 주조하는 영화적 방식의 관점에서 이 책 제4장을 읽을 수 있을 것이다.

제4장 「영화의 시간들」에서 랑시에르는 영화적 시간성의 세 형식을 구분한다. 첫째, 서사의 시간은 전통적 서사 논리, 랑시에르가 이 책에서 원인에서 결과로 이어지는 인과적 합리성 그리고 무지의 어둠에서 앎의 빛으로 옮아가는 시간의 정의라고 부르는 것과 닮았다. 이 시간은 인과적 합리성을 갖춘 연대기로서의 역사적 시간과 동일시된다. 둘째, 신화의 시간은 역사적 시간 바깥의 시간, 따라서 화면 바깥에 존재하며 외화면으로서만 포착되는 시간이다. 셋째, 퍼포먼스의 시간은 신화의 시간을 서사의 시간 안에 기입하는 시간이다. 랑시에르는 베르토프와 에이젠슈테인을 통해 서사의 시간, 신화의 시간, 퍼포먼스의 시간이 서로 얽히는 방식에 대해 설명한다. 우리가 주목할 것은 헤테로크로니아를 만들어내기 위해 영화가 이 형식들을 어떻게 배치하느냐이다. 랑시에르는 존 포드의 필름 〈분노의 포도〉 그리고 앞서 거론된 코스타의 필름 〈행진하는 청춘〉을 예로 든다.

〈분노의 포도〉는 겉보기에 대규모 농장 카르텔과 금융자본에 의한 착취 메커니즘을 깨닫고 계급의식을 획득해가는 주인공의 이야기이다. 하지만 랑시에르는 화면 밖에서[현실에서] 농부들이 겪은 역사적 상처가 화면에 기입되는 방식에 주목한다. 환각적인 시선과 목소리를 지닌 뮬리는 어둠 속에서 슬며시 나타나 주인공 농부 가족의 퇴거 사건을 들려준다. 신화의 시간을 기입하는 이 퍼포먼스의 시간은 영화의 서사에 잠시 균열을 내지만 이내 사라져 영영 등장하지 않는다. 고전기 할리우드 영화는 이러한 이질적 시간성을 서사에 흡수함으로써 연대기 중심의 플롯을 회복한다. 반면, 〈행진하는 청춘〉은 화면 밖에서[현실에서] 카보베르데 출신 이주노동자들이 겪어야 했던 운명(그들에게 새겨진 역사의 표식과 상흔)을 주인공 벤투라와 그의 동료 렌토가 손을 맞잡고 이야기하는 화재 사건을 통해 풀어낸다. 영화 속에서 이미 죽었던 렌토는 마치 언제 죽었느냐는 듯 다시 등장하여 벤투라와 손을 맞잡고 역사의 폭력을 증언한다. 이처럼 동시대 영화의 서사는 이질적 시간에 의해 잠시 방해받고 마는 것이 아니라 신화의 외화면 시간이 끊임없이 출몰하는 터가 된다.

랑시에르는 예술이 재현 규칙에 복종하지 않게 된 이래 "보이지 않는 것, 가시적인 것 아래에 존재하는 것, 가시적인 것이 존재할 수 있게 만드는 비가시적인 것을 보여주기"를 자신의 과제로 삼았다고 말한다.[16] 이 구절에서 가시적인 것을 서사의 시간으로, 비가시적인 것을 신화의 시간으로 바꿔 읽어도 말이 된다. 다시 말해, 신화의 시간은 서사의 시간 아래에 존재하며 보이지 않지만 바로 그 서사의 시간을 가능케 하는 조건이며, 이 신화의 시간은 퍼포먼스의 시간을 통해 서사의 시간 속에서 보여질 수 있다는 것. 예를 들어, 클로드 란즈만Claude Lanzmann 감독은 〈쇼아Shoah〉(1985)에서 그 증인들에게 인간의 비인간화를 분명하게 알려주는 제스처들(수감자들이 가스실에 들어가기 전에 받았던 최후의 이발, 유대인들을 가스실로 실어 날랐던 것과 비슷한 열차의 운전, 사형수들이 불렀던 노동요 등)을 모방하도록 요구한다. 이 모방은 매장됐던 신체·장소·시간을 끌어내 그것들이 부재하는 현재 안에 위치시킨다. 망각의 위험에 처한 뭔가를, 아무것도 아닌 것이 되어버린 뭔가를 현재의 시간 안에 다시 기입하는 것. 부재의 현재를 만들어내는 것. 이것이야말로 예술만이 해낼 수 있는 것이라고 랑시에르는 강조한다.[17] 그리고 이때 퍼포먼스는 단지 잊힌 행동의 반복이 아니라 허구 곧 "말과 이미지들로 조정된, 결합하거나 분리하는 잠재력", "뮈토스의 잠재력으로서 재현의 잠재력"을 가리킨다.[18]

서사의 시간-신화의 시간-퍼포먼스의 시간이 관계

맺는 구도는 몫 없는 자들이 치안과 합의의 무대 안에서 자신의 몫을 주장하기 위해 저 자신의 퍼포먼스 무대를 만들어 두 무대 사이에 간극과 불일치를 만들어 내는 구도와 동형적이다. 보이지 않는 자들, 말할 수 없는 자들, 들리지 않는 자들은 저 자신을 가시화하고 저 자신의 말과 논변을 세공하여 그것을 들리게 하기 위해서 인위적 작업을 수행해야 한다. 마치 무대가 이미 존재하는 것처럼, 마치 공통의 논변 세계가 이미 존재하는 것처럼 행위 해야 하는 것이다.[19] 그리고 몫 없는 자들과 어떤 공통의 정치 무대도 공유하지 않는다고 생각하는 이들 역시 마치 이미 한 무대에 올라서 있는 것처럼, 당사자들 사이의 토론이 마치 이미 일어난 것처럼 논변이 이루어지는 상황이 연출돼야 하는 것이다. 19세기에 노동자들이 세공한 평등의 삼단논법, 1968년에 학생들이 외친 슬로건 "우리는 모두 독일계 유대인들이다", 아벤티누스 언덕에 피신한 로마의 평민들이 만들어낸 논증(피에르-시몽 발랑슈Pierre-Simon Ballanche가 재해석한 버전) 등이 모두 이러한 무대 연출의 사례이다.[20] 이 공통의 무대는 사실 이중화된 무대, 기존의 무대 위에 '마치 …처럼'의 퍼포먼스 무대가 중첩된 무대이다. 이 허구 속에서 정치적 주체화 그리고 감각적인 것의 재편성이 이루어진다.

　　그렇다면 예술은 무엇을 할 수 있을까? 정치와 구

분되는 예술에 고유한 정치는 무엇일까? '모던' 혹은 '미적 공산주의'의 기획—공동체의 새로운 감각 직조 구축—은 여전히 유효한가? 예술은 어떻게 상이한 허구 형태를 고안할 수 있을까? 이것들이 랑시에르가 우리에게 던지는 화두이다.

주

1   Hal Foster, "What's the problem with critical
    art?," *London Review of Books*, Vol. 35, No. 19, 10
    October 2013, pp. 14~15. 포스터가 랑시에르에게 제
    기한 비판—랑시에르의 예술 식별 체제 도식은 독창적
    인가, 그의 체제라는 개념은 푸코의 에피스테메 개념을
    전유한 것으로서 그 개념과 똑같은 난점을 노정하지 않
    는가, 오늘날 동시대 미술은 과연 '감각적인 것의 나눔'
    에 개입하고 있는가 등—에 대해서는 이 지면에서 다루
    지 않겠다.

2   이 책, 제1장 「시간, 내레이션, 정치」 주 1 참조.

3   "Questions à Jacques Rancière(avec Adrien Arrous
    et Alexandre Costanzo)," *Et tant pis pour les gens
    fatigués*(Paris: Éditions Amsterdam, 2009), p. 394.

4   Jacques Rancière, *La nuit des prolétaires*(Paris:
    Fayard, 1981), p. 28; "La méthode de l'égalité,"
    in Laurence Cornu et Patrice Vermeren(eds.), *La
    philosophie déplacée*(Bourg-en-Bresse: Éd. Horlieu,
    2006), p. 511; "Préface," *Le philosophe et ses pauvres*
    (Paris: Champs-Flammarion, 2007), pp. v~vi.

Jacques Rancière, *Le partage du sensible*(Paris: La Fabrique éditions, 2000), p. 67 ; 자크 랑시에르, 주형일 옮김, 『미학 안의 불편함』(인간사랑, 2008), 55쪽; *La méthode de l'égalité*(Montrouge: Bayard Éditions, 2012), p. 107.

J. Rancière, *Le partage du sensible*, p. 38.

클레멘트 그린버그, 조주연 옮김, 「아방가르드와 키치」, 『예술과 문화』(경성대학교 출판부, 2004), 13~33쪽.

페터 뷔르거, 최성만 옮김, 『아방가르드의 이론』(지만지, 2013).

할 포스터, 최연희·이영욱·조주연 옮김, 「누가 네오-아방가르드를 두려워하는가?」, 『실재의 귀환』(경성대학교 출판부, 2010), 29~79쪽.

보리스 그로이스Boris Groys는 그린버그의 아방가르드와 키치의 구별이 두 다른 예술 영역이나 종류를 기술하는 것이 아니라 예술에 대한 두 다른 태도라고 이해한다. 다시 말해, 예술작품(대상)의 기술에 관심을 갖는 생산자적 태도는 아방가르드요, 그것의 효과에 관심을 갖는 소비자적 태도는 키치라는 것이다. 게다가 오늘날 누구는 일하고 누구는 여가를 즐길 수 있는 존재로서 나뉘는 것이 아니라 모두 일하고 모두 여가를 즐기면서 현대인은 아방가르드와 키치를 오갈 수밖에 없는 미학적 감수성을 갖는다고 주장한다. 보리스 그로이스, 「클레멘트 그린버그, 『예술과 문화-비평적 에세이』, 1961」, 리처든 숀·존-폴 스토나드 엮고 씀, 김진실 옮김, 『미술사를 만든 책들』(아트북스, 2015), 212~229(특히 229)쪽. 이 해석은 랑시에르의 그린버그 비판을 뒤집을 증거라기보다는 그로이스가 그린버그의 입을 빌려 자신의 얘기를 하고 있다고 보는 게 맞다. 일과 여가가 구분 불가능해지는 간헐적 시간성에 대해서는 랑시에르도 이 책에서 분석하고 있으며, 아는 자와 모르는 자, 능동적 인간과 수동적 인간, 여가 없는 자와 여가 있는 자의 구분 같은 나눔의 '범주'는 최종심에서 결정적으로 작동한다.

11 발터 벤야민, 최성만 옮김, 「역사의 개념에 대하여」, 『역사의 개념에 대하여/폭력비판을 위하여/초현실주의 외』 (도서출판 길, 2008), 327~350쪽.

12 조르조 아감벤, 양창렬 옮김, 「동시대인이란 무엇인가?」, 『장치란 무엇인가? 장치학을 위한 서론』(도서출판 난장, 2010), 69~88쪽.

13 이 강연은 제54회 베니스 비엔날레, 노르웨이 현대미술 사무소OCA 주최 강좌(2011년 6월 1일)이며, 나중에 J. Rancière, "In What Time Do We Live?," in Marta Kuzma(ed.), *The State of Things*(London: Koenig Books), 2012, pp. 9~38에 수록된다.

14 미술계에서 통용되는 용어를 사용하자면 '역사적 아방

가르드'라고 부르는 편이 더 정확할 것이다.

랑시에르가 보기에 모든 운동을 동기화하는 동질적 시간성의 구축은 결국 어떤 불일치/이견도 없는 합치/합의의 공동체를 초래하게 된다. 자신의 일상적 활동을 편집한 영상을 객석에 앉아 바라보는 허구적 관객들의 (감독에 의해 통제된) 반응은 평등주의를 표방하는 예술적 공산주의의 '교육학적 환영'을 예시한다. 랑시에르는 이 책 제3장 「무용의 순간」 말미에서 세르게이 에이젠슈테인 역시 퍼포먼스의 구축과 퍼포먼스 효과의 구축을 혼동했다고 비판한다. 두 경우 모두에서 제한된 것은 관객의 '번역' 능력(과 그에 의거한 관객의 해방)이다. 랑시에르는 『미학 안의 불편함』과 『해방된 관객』 등에서 '관계 미학', '관계적 예술'에 대해서도 동일한 비판의 잣대를 들이댄다. 작품과 관객 사이의 간극을 제거하는 것은 역사적 아방가르드에서 관계적 예술에 이르기까지 삶과 예술의 경계를 허물고자 했던 기획이 으레 범하기 쉬운 잘못이다.

16 자크 랑시에르, 박영옥 옮김, 『역사의 형상들』(글항아리, 2016), 82쪽.

17 같은 책, 60~62쪽. 리티 판Rithy Panh 감독의 ‹S21, 크메르 루즈 살인 기계 S-21: The Khmer Rouge Killing Machine›(2003)도 비슷한 영화적 장치를 사용한다. 자크 랑시에르, 양창렬 옮김, 『해방된 관객』(현실문화, 2016),

143쪽 이하 참조.

18　"허구는 현실 세계에 반대되는 상상의 세계를 창조하는 것이 아니다. 허구는 불일치dissensus를 가져오는 작업이다. 허구는 감각적 제시 방식과 언표 행위의 형태를 변화시키며, 그 수단으로서 틀·스케일·리듬을 변화시키고, 외양과 현실, 개별적인 것과 공통적인 것, 가시적인 것과 그것의 의미작용 사이에 새로운 관계를 구축한다. 이 작업은 재현 가능한 것의 좌표를 변화시킨다. 그것은 감각적 사건들에 대한 우리의 지각을 변화시키고, 그 사건들과 주체들을 관련짓는 우리의 방식을 변화시키고, 우리의 세계가 사건과 형상으로 가득 채워지는 방식을 변화시킨다." 『해방된 관객』, 92쪽.

19　자크 랑시에르, 진태원 옮김, 『불화』(도서출판 길, 2015), 96쪽.

20　자크 랑시에르, 양창렬 옮김, 『정치적인 것의 가장자리에서』(도서출판 길, 2013)와 『불화』 참조.

찾아보기

개념

ㄱ

가능태 the possible 13, 21, 22, 34, 36, 43, 157

간극 gap 28~29, 31, 32, 39, 40, 91, 106, 147~149, 196, 232, 237, 242, 247

감각적인 것의 나눔 distribution of the sensible[프 le partage du sensible] 12, 13, 42, 73, 74, 104, 129, 137, 223~225, 244
 – 감각적인 것의 재배분 redistribution of the sensible 94, 130, 138, 223

고비 → 위기

공산주의 communism 16, 36, 84, 85~89, 92~93, 95~98, 102, 111~113, 133, 135, 139, 144, 149, 157, 183~184, 188, 197, 208, 211, 237, 243, 247

공존 coexistence 13, 36, 40, 52, 80, 105, 180, 182~183, 206, 232

공통의 시간 common time 22, 33~35, 38~40, 183~184, 227~228, 232, 236

구제할 수 없는 것 the irreparable 194, 203~204

근대 modern times 34, 74, 82

ㄴ

내레이션 narration 31, 154, 181, 190, 192, 197, 204

ㄷ

동기화 synchronous, synchronization 184, 188, 236, 247

ㅁ

매체 medium 72, 90, 141~142, 158~159, 182, 229, 230, 235

모더니즘 modernism 72, 74~75, 77~80, 86, 89, 97~98, 101, 141, 229, 232~235
 – 역사적 모더니즘 historical modernism 78, 97, 236

모더니티 modernity 72, 74, 79~80, 82, 92, 95, 97~98, 101, 130, 132, 182, 187, 191, 196, 229, 231~232, 234

모던 modern 81, 90~91, 228

몽타주 montage 86~87, 131, 139, 146~147, 153, 157, 169, 183~184, 189, 207, 209, 230, 233

무용하는 신체 dancing body 128, 145

미적 상태 aesthetic state 93, 110~111

미적[감성적] 이념 aesthetic ideas 149, 165~166

미학적 혁명 the aesthetic revolution 74, 238

인명

지은이 자크 랑시에르(Jacques Rancière)

1940년 알제리에서 태어났다. 파리 고등사범학교를 졸업하고, 파리 8대학에서
1969년부터 2000년까지 미학과 철학을 가르쳤다. 루이 알튀세르의 '자본론
읽기' 세미나에 참석해 마르크스의 비판 개념에 관한 발표를 했다. 68혁명을
경험하면서 알튀세르주의자들이 주장하는 이론적 실천이 내포하는 '앎과
대중의 분리', 그들의 이데올로기론이 함축하는 '자리/몫의 배분'을 비판했고,
『알튀세르의 교훈』(1974)을 집필하며 스승 알튀세르와 떠들썩하게 결별했다.
1970년대 들어 19세기 노동자들의 문서고를 뒤지면서 노동자들의 말과 사유를
추적했다. 이 연구는 '정치의 감성학'이라는 개념으로 정리되며, 『노동자의
말, 1830/1851』(1976), 『평민 철학자』(1983) 같은 편역서, 국가 박사학위
논문인 『프롤레타리아들의 밤』(1981), 『철학자와 그의 빈자들』(1983), 『무지한
스승』(1987) 같은 저서의 토대가 됐다. 구소련의 붕괴와 더불어 선포된 정치의
몰락/회귀에 맞서 정치와 평등 그리고 민주주의에 대해 고민하면서, 그로부터
『정치적인 것의 가장자리에서』(1990, 1998)와 『불화』(1995)를 발표하며 세계적인
명성을 얻었다. 1990년대 중반부터는 미학과 정치의 관계를 사유하는 데
집중하면서, 『무언의 말』(1998), 『말의 살』(1998), 『감각적인 것의 나눔』(2000.
국내 번역, 『감성의 분할』), 『이미지의 운명』(2003), 『미학 안의 불편함』(2004),
『아이스테시스』(2011), 『평등의 방법』(2012), 『잃어버린 실』(2014), 『허구의
가장자리』(2017) 등을 펴냈다.

옮긴이 양창렬

고대 원자론 및 현대 정치철학을 연구하며 글을 쓰거나 책을 번역하고 있다.
『알튀세르 효과』(2011), 『현대 정치철학의 모험』(2010) 등을 공저했으며, 자크
랑시에르의 『평등의 방법』(근간), 『무지한 스승』(개정판/2016), 『정치적인 것의
가장자리에서』(개정판/2013)를 번역했다.

모던 타임스

예술과 정치에서 시간성에 관한 시론

1판 1쇄 2018년 3월 31일
1판 2쇄 2020년 10월 8일

지은이 자크 랑시에르
옮긴이 양창렬
펴낸이 김수기

펴낸곳 현실문화연구
등록 1999년 4월 23일 / 제25100-2015-000091호
주소 서울시 은평구 불광로 128, 302호
전화 02-393-1125 / 팩스 02-393-1128 / 전자우편 hyunsilbook@daum.net
ⓗ hyunsilbook.blog.me   ⓕ hyunsilbook   ⓣ hyunsilbook

ISBN 978-89-6564-208-4 (92100)

이 도서의 국립중앙도서관 출판예정도서목록(CIP)은
서지정보유통지원시스템 홈페이지(http://seoji.nl.go.kr)와
국가자료종합목록 구축시스템(http://kolis-net.nl.go.kr)에서 이용하실 수 있습니다.
(CIP제어번호: CIP2018001871)